MONNAIES & MÉDAILLES

BIBLIOTHÈQUE NUMISMATIQUE & ARCHÉOLOGIQUE

LIVRES
ANCIENS & MODERNES

Julliot

Collection J...

HOTEL DROUOT
PARIS
Décembre 1926

Collection J...

MONNAIES

ROMAINES, FRANÇAISES, ÉTRANGÈRES

Bibliothèque Numismatique et Archéologique

CARTES, GRAVURES, ESTAMPES

Livres Anciens et Modernes

ALMANACHS - RELIURES - INCUNABLES

Livres à figures du XVIIIe siècle,
Littérature, Histoire, Voyages, etc.

DONT LA VENTE AUX ENCHÈRES PUBLIQUES AURA LIEU

HOTEL DROUOT, Salle n° 8

Les Mercredi 22, Jeudi 23 et Vendredi 24 Décembre 1926
à deux heures

COMMISSAIRES-PRISEURS :

M^E F. LAIR-DUBREUIL | M^E ED. GIARD
6, rue Favart, 6 | 5o, rue Sainte-Anne, 5o

EXPERTS :

M. J. FLORANGE | M. LOUIS CIANI | M. A. DERUELLE
17, rue de la Banque, 17 | 54, rue Taitbout, 54 | 3o, rue des Sts-Pères. 3o

CONDITIONS DE LA VENTE

La vente aura lieu au comptant.

Les acquéreurs paieront 19 fr. 5o pour cent en sus des encheres.

Les pièces ayant été exposées et les acquéreurs ayant ainsi pu juger de leur état, aucune réclamation ne sera admise une fois l'adjudication prononcée.

MM. les Experts exécuteront les commissions que MM. les Amateurs voudront bien leur confier aux conditions habituelles (5 % sur la limite).

Les Experts peuvent suivre ou modifier l'ordre du catalogue et réunir ou diviser les numéros.

La conservation des pièces a été indiquée sévèrement.

B = beau ; TB = très beau : FDC = fleur de coin.

ORDRE DES VACATIONS

Le Mercredi 22 Décembre 1926. . . . . Nos 1 à 210

Le Jeudi 23 Décembre 1926. . . . . Nos 211 à 481

Le Vendredi 24 Décembre 1926. . . . . . . Nos 482 à la Fin

A la demande de nombreux Amateurs la vente des Almanachs aura lieu lors de la 2e vacation à la suite des Gravures, Cartes, etc.

EXPOSITIONS PARTICULIÈRES

Pour les Monnaies, Médailles, Objets divers :

Chez M. FLORANGE, du 10 au 15 Décembre, de 9 h. à 11 h. et de 2 h. à 5 h.

Pour les Livres de Numismatique, Cartes et Gravures :

Chez M. CIANI, du 16 au 21 Décembre, de 9 h. à 11 h. et de 2 h. à 5 h.

Pour les Almanachs et les Livres :

Chez M. DERUELLE, du 14 au 18 Décembre, de 2 h. à 5 h.

93.811. — Imprimerie Lahure, 9, rue de Fleurus, à Paris. — 1926.

MONNAIES ROMAINES

1 **République Romaine.** Anonymes. ROMA. As. 2 p. Aemilia, Appuleia, Calpurnia, Carisia. Cassia. Claudia, Cordia, Fouria, Hostilia, Julia, 4 p. Livineia, Lollia, Plaetoria, Plautia, Porcia. Roseia, Rustia, Vargunteia, Vibia, Volteia. Ens. 25 p. dont 23 Arg. AB. et B.

2 **Empire Romain.** Octave Auguste, 1 p. AR. et 3 p. Æ. Tibère, 1 p. AR. et 2 p. Æ. Germanicus, 1 p. Æ. Agrippine mère, 1 p. Æ. Caligula, 2 p. Æ. Agrippine mère et Caligula, 1 p. AR. Claude Ier, 1 p. AR. et 2 p. Æ. Ens. 15 p. AB. et B.

3 **Néron.** 35 p. Æ. AB. B. et TB.

4 **Vespasien.** 2 p. Æ. **Titus**, 1 p. AR. **Domitien**, 3 p. AR. et 2 p. Æ. **Trajan**, 5 p. AR. et 6 p. Æ. **Adrien**, 4 p. AR. et 8 p. Æ. **Sabine**, 1 p. AR. et 1 p. Æ. Ens. 31 p. AB. et B.

5 **Antonin le Pieux.** 1 p. AR. et 8 p. Æ. **Faustine mère**, 1 p. AR. et 4 p. Æ. **M. Aurèle**, 3 p. AR. et 17 p. Æ. **Faustine jeune.** 4 p. Æ. Ens. 38 p. AB. et B.

6 **Lucius Verus.** 1 p. AR. et 2 p. Æ. **Lucille**, 1 p. AR. et 2 p. Æ. **Commode**, 3 p. AR. et 5 p. Æ. **Sept. Sévère**, 3 p. AR. **Julia Domna**, 1 p. AR. **Caracalla**, 3 p. AR. **Macrin**, 1 p. Æ. **Elagabale**, 2 p. AR. **Julia Maesa**, 1 p. AR. Ens. 27 p. AB. et B.

7 **Alexandre Sévère.** 7 p. Æ. **Maximin Ier**, 1 p. AR. et 2 p. Æ. **Maxime**, 1 p. Æ. **Gordien le Pieux**, 5 p. AR. et 6 p. Æ. **Philippe père**, 5 p. AR. et 2 p. Æ. **Otacilie**, 2 p. AR. **Philippe fils**, 1 p. AR. et 2 p. Æ. Ens. 34 p. AB. et B.

8 **Trajan Déce.** Etruscille, Trébonien Galle, Volusien, Valérien père, Mariniane, Gallien, Salonine. Ens. 42 p. Bill. et Æ. AB. et B.

9 **Postume.** Victorin, Tetricus père, Tetricus fils, Claude II, Quintille, Aurélien, Tacite, Florien. Ens. 61 p. Bill. AB. et B.

10 **Probus. Carus. Numérien, Carin, Dioclétien. Maximien Hercule, Constance Chlore, Galère Maximien, Maximien Daza, Licinius père, Constantin le Grand, Rome, Constantinople.** Ens. 56 p. P. B. AB. et B.

11 **Crispus, Constantin II. Constant Ier, Constance II, Décence, Constance Galle, Julien le Philosophe**, 2 p. AR.. **Valentinien Ier, Gratien.** Ens. 51 p. AB. et B.

12 **Zénon.** Son buste à dr. ₰. Croix dans une couronne; à l'exergue, CONOB. Tiers de sou d'or. (Sabatier 7-VII-25). OR. TB.

13 **Justinien Ier.** Son buste à dr. ₰. VICTORIA AVGVSTORVM. Victoire tenant une couronne et le globe crucigère. Tiers de sou d'or (Sab. 6-XII-5). OR. AB.

MONNAIES FRANÇAISES

14 **Monnaies Gauloises.** Volcae Tectosages, Sequanes, Curiosolites, Senones, Carnutes, Leukes. Lot d'environ 110 p. dont 4 arg. B.

15 **Parisii.** Quart de statère. (La Tour 7804). OR. AB.

16 **Lieusaint** (Seine-et-Marne). LOCOSANLO. Buste diadème à dr. ₰). + DIACIOALDIO : Croix (Trou 855). Or. TB.

17 **Monnaies Carolingiennes.** Lot d'environ 32 pièces variées. Bill. B. et TB.

18 **Monnaies Royales françaises** jusqu'à Louis XII. Lot d'environ 100 pièces. Bill. AB. et B.

19 **Philippe IV le Bel**. Agnel d'or. (H. 1). OR. TB.

20 **Jean le Bon**. Mouton d'or. (H. 3). OR. TB.

21 **Charles V**. Franc. à pied. (H. 2). OR. TB.

22 **Henri VI**. Salut. (H. 3). *Rouen*. OR. TB.

23 **Charles VII**. Écu à la couronne. (H. 6). *Angers*. OR. TB.

24 **Louis XI**. Écu au soleil. (H. 1). *Paris*. OR. TB.

25 — Écu à la couronne. (H. 4). *Paris*. OR TB.

26 **Charles VIII**. Écu au soleil. (H. 2). Saint-Lô. OR. TB.

27 **Louis XII**. Écu au soleil. (H. 1). *Mâcon*. OR. TB.

28 — Écu au porc-épic. (H. 6). *Montpellier*. OR. TB.

29 — Écu pour le Dauphiné. (H. —). *Romans*. OR. AB.

30 **François Ier**. Écu au soleil. (H. 2). OR. B.

31 — Autre variété. (H. 4). *Paris*. OR. B.

32 — Écu de Bretagne. (25). OR. B.

33 **Henri II, Charles IX, Henri III, Charles X, Henri IV**. Ens. environ 10 p. AR. Bill. et Æ. AB. et B.

34 **Henri II**. Double Henri. (H. 23). *Amiens*. OR. B.

35 **Charles IX**. Écu au soleil. (H. 1). *Paris*. OR. B.

36 — Autre variété. *Paris*. OR. B.

37 — Autre variété. *Rouen*. OR. B.

38 **Louis XIII**. Écu au soleil. (H. 2 var.). *Saint-Lô*. OR. TB.

39 — Autre variété. (H. 6). *Lyon*. OR. TB.

40 — Demi-écu au soleil. (H. 9). *Paris*. OR. TB.

41 — Écu pour le Dauphiné. + LVDOVICVS. XIII. D. G. FRAN. ET. NAV. REX. Champ écartelé de France-Dauphiné; en haut, un soleil. ℞. *Encre*. CHRISTVS. REGNAT. VINCIT. ET. IMP. 1641. Croix fleurdelisée. (H. manque). OR. *Très rare*. TB. mais fendue.

42 — Demi-louis. (H. 24), 1642. *Paris*. OR. TB.

43 — Autre exemplaire, 1643. OR. TB.

44 **Louis XIV**. Louis aux 8 L. (H. 6), 1644. *Paris*. OR. TB.

45 **Louis XV**. Louis aux lunettes. (H. 16). 1729. *Paris*. OR. TB.

46 — Double louis au bandeau. (H. 18.), 1744. *Strasbourg*. OR. B.

47 **Louis XIII, Louis XIV et Louis XV**. Ens. environ 80 p. AR. Bill. et Æ. AB. et B.

48 **Louis XVI**. Double louis aux lunettes. (H. 2), 1777. *Lille*. OR. TB.

49 — Double louis aux écus carrés. (H. 5), 1787. *Bordeaux*. OR. TB.

50 — Louis. (H. 6), 1785. *Paris*. OR. TB.

51 — Écus et divisions. Ens. 32 p. AR. et Æ. AB. et B.

52 — Louis constitutionnel de 24 livres. (H. 59), 1793. OR. B.

53 **Révolution**. 37 p. Æ. **Napoléon** *consul, empereur* et *Roi d'Italie*. 17 p, AR. et 16 p. Æ. B.

54 **Napoléon** *roi d'Italie*. 40 lire 1808. Milan. OR. TB.

55 **Marie-Louise** *duchesse de Parme*. 40 lire 1815. OR. TB.

56 — **Murat** *roi de Naples*, **Élisa Bonaparte et Félix Baciocchi, Jérôme Napoléon, Gaule Subalpine**. Écus et divisions. Ens. 18 p. AR. et Æ. AB. et B.

57 **Louis XVIII, Charles X. Henri V**. Écus et divisions. Ens. 21 p. AR. et Æ. B et TB.

58 **Louis-Philippe**. Écus et divisions. 8 p. AR. et 1 p. Æ. TB.

59 **Deuxième République**. Écus et divisions. 5 p. AR. et 4 p. Æ. TB.

60 **Napoléon III**. 5 francs, petit module, 1854. OR. TB.

61 — Autre, même date. OR. TB.

62 — Écus et divisions. Ens. 12 p. AR. et 21 p. Æ. TB.

63 **Troisième République**. Écus et divisions. Ens. 15 p. AR. et 8 p. Æ.

64 Lot de 34 pièces non cataloguées. Æ. AB.

MONNAIES FÉODALES

65 Angoulême, Arras, Auxerre, Besançon, Cahors, Dombes, Dijon, Lorraine (Évêché et Duché), Meaux, Metz, Mirecourt, Neuchâteau, Nancy, Verdun. Deniers Arg. et Billon. B. 56 p.

66 Montpellier, Nantes, Provins, Sancerre, Tours, Troyes, Henrichemont et Bresse-Dombes, Sedan, Bouillon, Nevers. Arg. et Billon. B. 93 p.

MONNAIES ÉTRANGÈRES

ALLEMAGNE

67 **Anhalt, Bade, Bavière**. Thalers, gulden et divisions. Arg. et cuiv. B. 14 p.

68 **Francfort, Hanovre, Hesse, Nassau**. Thalers, etc. Arg. B. 11 p.

69 **Prusse**. Thaler, 1765, 1790, 1704, 1866, Divisions. Arg. et cuiv. B. et AB. 38 p.

70 **Saxe, Wurtemberg**. Thalers et divisions. Arg. et cuiv. B. 26 p.

AUTRICHE

71 Écus, 1780, 1796; thaler, 1857; florin, 1867 et divisions. TB. et B. Arg. et cuiv. 26 p.

BELGIQUE

72 Cinq francs, 1853. 2 fr., 1880 et divisions. Arg. et cuiv. 36 p.

DANEMARK, SUÈDE et NORVÈGE

73 10 schillings, 1843, 50 öre, 1857, skillings, etc. Arg. et cuiv. 30 p.

ESPAGNE

74 **Alphonse d'Aragon, réal**; **Charles III**. Écu 1781; 5 pesetas 1870 et divisions. **Arg. et cuiv.** B. et AB. 40 p.

GRANDE BRETAGNE

75 **Édouard IV** (1461-1483). Angelot (Kenyons page 62, n° 3). OR. B.
76 **Henri VIII** (1509-1546). Angelot (Kenyons page 8. n° 57 avec MM couronnés). OR. TB.
77 **Georges III**. Shilling, etc. **Georges IV, Victoria**, etc. Arg et cuiv. 35 p.
78 **Écosse**. Georges II, Jacques II, etc. **Jersey et Guernesey, Bermudes, Indes, Ceylan, Canada**, etc. Cuivre. 50 p.

GRÈCE

79 5 drachmes 1875. 1 drachme 1868. 20 leptas 1883 et divisions. Arg. et cuiv. 20 p.

ITALIE

80 **Sardaigne et Savoie**. 5 lires 1820, 1829, 1832 et divisions. Arg. et cuiv. B. 28 p.
81 **Sicile**. Écu à 120 grani 1818, 1857 et divisions. Arg. 4 p.
82 **États Pontificaux**. Clément XI, XIII et XIV. Pie VII, Léon XII. Grégoire XVI giulié. Baiocchi et demi-baiocchi; République. 1849, 16, 8, 4, 3 et 1 baiocchi. Arg. et cuiv. 28 p.
83 — Pie IV. 20 lires 1869. Rome. OR. FDC;
        10 lires 1869. Rome. OR. FDC.
    Pie IX. 5 lires 1870, 2 lires 1867, 1 lire 1866, 10 soldi 1868. etc. Arg. et cuiv. B. 21 p.

PORTUGAL

84 200 reis, 1862 et divisions, 1 macuta, 1789. Arg. et cuiv. 19 p.

ROUMANIE

85 5 lei, 1880. 1 lei, 1873. 50 bani, 1876 etc. Arg. et cuiv. 8 p.

RUSSIE

86 Roubles 1808, 1824; 25 kopecks, 20, 10 et 5 et divisions. **Pologne et Moldavie**. Arg. et cuiv. 35 p.

SERBIE

87 2 francs 1875 et monnaies divisionnaires. Arg. et cuiv. 10 p.

SUISSE

88 5 francs 1892. Écu de tir, Lugano 1883. Schwitz 1867. Arg. B. 3 p.
89 Monnaies divisionnaires des cantons Aargau, Bâle, Berne, Fribourg. Soleure, Valais, Vaud, République Helvétique, Tessin. Billon et Cuiv. 90 p.

ÉTATS-UNIS

90 Dollar 1853. OR. B. Cents 1792, 1802, 1803, 1817, 1818, 1888, etc. Cuiv. 12 p.

91 **Argentine et Bolivie**. Boliviano 1870 et divisions. Arg. et cuiv. 9 p.

92 **Brésil et Chili**. 2000 reis 1865. Peso 1876 et divisions. Arg. et cuiv. 27 p.

93 **République Dominicaine et Guatemala**. Peso 1864. Arg. et cuiv. 10 p.

94 **Mexique et Pérou**, etc. Peso 1871, 1873. Sol 1871 et divisions. Arg. et cuiv. 20 p.

ALGÉRIE, TUNISIE. MAROC. ÉGYPTE, TURQUIE

95 Domination arabe et période moderne. Arg. et cuiv. 105 p.

CHINE et JAPON

96 Monnaies diverses en cuivre, nickel et laiton. Lot de 38 pièces.

JETONS

97 Secrétaires du Roi 1724: Procureur de la Cour (Louis XV). Arg. B. 2 p.

98 Assurances La Clémentine, La Nationale. Type des années 1817 et 1830. Arg. octog. TB. 4 p.

99 **Sens**. Juge et Consuls 1766. Arg. B. 8 p.

100 Notaires royaux (Buste de saint Louis). Arg. oct. TB.

101 Société des Sciences historiques 1847. Société d'archéologie. Société d'Agriculture, TB. B. Arg. et cuiv. 6 p.

102 Maison de la Reine 1774, Dauphine 1770, Aumont, Bourbon-Busset, Gilbert des Voisins, Lefevbre de Caumartin, Machault, Phelipeaux. Arg. oct. (ref.) 10 p.

103 Henri III à Louis XVI. Lot de jetons à diviser. Cuivre et laiton.

MÉDAILLES

104 Drapeaux donnés au Champ de Mars, An XIII: Louis XVIII, 1815; Sacre de Charles X. Arg. B. 3 p.

105 Société Agriculture de l'Yonne 1836. Arg. TB. 2 p.

106 Pie VII. ɴ La Vierge. Pie IX. Promulgation dogme de l'Imm. Concep., 1885. Arg. 2 p.

107 **Médailles** historiques du règne de Louis XIV et Louis XV. Br. 41''. TB. 32 p.

108 Napoléon Ier, Charles X. La Fayette, etc. Cuivre et laiton, 18 p.

109 Lot monnaies, jetons, médailles historiques et religieuses diverses. Cuivre.

110 Poids **monétaires** anciens. Cuiv. 28 p.

OBJETS DIVERS

111 Soucoupe chinoise et Boîte ivoire avec miniature peinte de portrait Louis XVIII. 34^{mm}

112 Scarabée et cinq camées divers. 8 p.

113 Coupe en argent couvercle ivoire, anneau et médaillon jade. 4 pièces.

Esp. 30

114 Cachet d'oculiste romain, en serpentine verte, portant la légende en creux : LENEXA-BON. Epaisseur, 5 mm.; longueur, 38 mm.; hauteur, 10 mm.

Esp. h. 64

115 Autre portant sur l'un des côtés de l'épaisseur, en deux lignes : FELICIS COLLYRIVM DIAMYSVM, sur l'autre, en deux lignes : FELICIS·COLL DIALEPIDVS et sur la petite face en deux lignes: FEL COL DIASM. Epaisseur, 5 mm. : longueur, 32 mm.; hauteur, 12 mm.

116 Boîtes à poudre, statuette, clef chinoise, fragments divers, cadres en bois.

117 Fragments de poteries romaines avec sujets.

118 Aquarelle. Personnage. Sous cadre.

119 Aquarelle. Paysage. Sous cadre.

120 Ferronnerie ancienne.

121 Objets antiques, époque romaine. (*Lot à diviser.*)

122 Cylindre babylonien.

123 Lot de sceaux et cachets anciens. Cuivre.

124 Cadran solaire et baguettes avec inscriptions chinoises.

125 Bague révolutionnaire (Marat et Le Peletier). Arg. plaqué or.

126 Tissu pour ameublement. (Époque Louis XIII) et Broderie d'argent.

127 Boîtes à poids monétaires et Boîte à poids dans leur boîte en bois. En tout 3 boîtes.

128 Boutons en nacre sculptés.

129 Boiserie. Motif fronton sculpté.

130 Médaillons en porcelaine. 7 pièces.

131 Petit album de Timbres-poste : France et Étranger.

132 Lot d'objets divers.

LIVRES DE NUMISMATIQUE & ARCHÉOLOGIE

PROVINCES - REVUES - PÉRIODIQUES

133 **Abord** (Hippolyte). Histoire de la Réforme et de la Ligue dans la ville d'Autun
Autun, 1855. Tome Ier. 1 vol. in-8, br., 1 carte.

Armorial universel précédé d'un traité complet de la Science du Blason et suivi.
d'un supplément, par Jouffroy d'Eschavannes. Paris, Curmer, 1848. 2 vol. in-4,
cart., planches en noir et en couleurs.

Arbois de Jubainville. Répertoire archéologique du département de l'Aube. Paris,
Imprimerie Impériale, 1861, in-4, br.

Autun Archéologique (par les Secrétaires de la Société Eduenne et de la Commission des Antiquités d'Autun). Autun, 1848. 1 vol. in-8, br. Nombreuses reproductions.

Alésia. Étude sur la septième campagne de César en Gaule. Paris, 1859. 1 vol.
in-8, br.

134 **Babelon** (E.). Description des Monnaies de la République Romaine. Paris, 1886.
2 vol. in-8, br.

— Théorie féodale de la monnaie. Paris, 1908. 1 vol. in-4, br.

135 **Bel** (L. de). Vie de Jean de Ferrières, vidame de Chartres, seigneur de Maligny.
Auxerre, 1858. 1 vol. in-8, br., 1 portrait en couleur.

Baudian (J.-F.). Le Morvan, essai géographique, topographique et historique.
Nevers, 1854. 1 vol. in-8, br. Carte et pl. H. T. Tome I.

Bastard (A. de). Histoire de Jésus-Christ, en figures. Gouaches du XIIe au XIIIe siècle
conservées jadis à la collégiale de Saint-Martial de Limoges. Paris, 1879. 1 vol.
in-fol. br. 30 pl.

136 **Barthélemy**. Essai sur les monnaies des Ducs de Bourgogne. s. l. ni date. 1 vol.
in-4, cart. 8 pl.

Barrault et Martin (A.). Le Bâton Pastoral. Étude archéologique. Paris, 1856.
1 vol. in-4, relié, nombreuses illustrations.

Bonnardot (A.). Études Archéologiques sur les anciens plans de Paris des xvie, xviie, xviiie siècles. Paris, 1851. 1 vol. in-4. br.

— Dissertations archéologiques sur les anciennes enceintes de Paris, suivies de recherches sur les portes fortifiées qui dépendaient de cette enceinte. Paris. 1853. 1 vol. in-4, br. orné de nombreux plans.

137 **Bézier**. Inventaire des Monuments mégalithiques du département d'Ille-et-Vilaine. Rennes, 1883. 1 vol. in-8, br., 30 pl. 1 carte.

138 **Bosc** (Ernest). Dictionnaire général de l'Archéologie et des Antiquités chez les divers peuples. Paris. Firmin-Didot, 1881. — **Couret**. La Palestine sous les Empereurs grecs. In-8, br.

140 **Calendario d'Oro**. Annuario Nobiliare Diplomatico-Araldico. Rome. Années 1895, 1896, 1897, 1898, 1899, 1900, 1901. 7 vol. in-8, reliés toile.

141 **Cohen**. Description historique des monnaies frappées sur l'Empire romain, communément appelées Médailles impériales. Paris. 2e édition, 8 vol. in-8, br.

142 **Cornat** (R.-P.). Histoire de la Ville de Ligny-le-Châtel (Yonne). Sens, s. d., 1 vol. in-8, br.

Dubaud (J.). Histoire de Chablis contenant des documents inédits sur les Annales du Département de l'Yonne depuis le xie siècle jusqu'à nos jours. Sens, 1852.

Duru (abbé L.-M.). Bibliothèque historique de l'Yonne ou Collection de légendes chroniques et documents divers pour servir à l'histoire des différentes contrées qui forment ce département. Tome II. Auxerre, 1883, 1 vol. in-4, br.

143 **Fontenay** (de). Manuel de l'Amateur de Jetons. Paris, 1854, 1 vol. in-8, br., nombreuses vignettes.

Forgeais (A.). Collection de plombs historiés trouvés dans la Seine. 1° Méreaux des corporations des Métiers; 2e vol. Enseignes de Pèlerinages; 3e vol. Variétés numismatiques; 4e Imagerie religieuse. Paris, 1862-1864, 4 vol. in-8, br.

144 **Froehner**. Notice de la Sculpture antique. Paris, 1864, 1er vol., 1 vol. in-8, br.

Harduin. Nummi Antiqui populorum et urbium illustrati. Paris, 1684. 1 vol. in-4, relié, plein veau.

145 **Hoffmann**. Les Monnaies Royales de France de Hugues Capet à Louis XVI. Paris, 1878, 1 vol. in-4, relié. demi-maroq. à coins, 118 pl.

146 **La Chau** (de) et **Le Blond**. Description des principales pierres gravées du cabinet de S. A. S. Monseigneur le Duc d'Orléans. Paris, 1780. 2 vol. in-4 relié plein. maroquin vert, dentelle intérieure, dos orné. 1 frontispice de cabinet, en tête et culs-de-lampe et 172 planches gravées. Magnifique exemplaire en parfait état.

147 **Histoire abrégée des Provinces Unies des Pays-Bas**, leur pays, leurs conquêtes, leur gouvernement et celui de leurs compagnies en Orient et en Occident. Amsterdam, 1701, 1 vol. in-4. relié, 37 pl. de médailles. H. T.

Hucher. L'Art gaulois ou les Gaulois d'après leurs médailles. Paris, 1868, 1 vol. in-4, br. 101 pl.

148 **Langlès**. Voyages du Chevalier Chardin en Perse et autres lieux de l'Orient. Paris. 1811. 10 vol. in-8, br. 1 atlas in-folio cartonné, 83 pl.

149 **Lasteyrie** (de) et **Bougenot**. Bibliographie des Travaux Historiques et Archéologiques publiés par les Sociétés savantes de France. Paris. Imprimerie Nationale, 1885-1901, 3 vol. en 12 fasc.

Lefèvre-Pontalis. Bibliographie des Sociétés savantes de la France. Paris, Imprimerie Nationale, 1887, 1 vol. in-4, br.

150 **Longnon** (Aug.). Documents relatifs au Comté de Champagne et de Brie 1172-1361. Tome Ier. Les Fiefs. Imprimerie Nationale, 1901, 1 vol. in-4, relié.

Le Blant. L'Épigraphie chrétienne en Gaule et dans l'Afrique romaine. Paris, 1890, 1 vol. in-4, br., 4 pl. H. T.

151 **Mariette** (P.-J.). Traité des pierres gravées. Paris, 1750. Contient également les Pierres gravées au Cabinet du Roi. 1re partie, 97 sujets ; 2e partie, 125 leg. 2 beaux vol. in-4, reliés plein, veau marbré, filet d'encadrement.

152 **Maxe-Werly**. Histoire numismatique du Barrois. Monnaies des comtes et ducs de Bar. Bruxelles, 1895, 1 vol. in-8, br.

Millin (A.-L.). Introductions à l'Étude de l'Archéologie des pierres gravées et des médailles. Paris, 1826, 1 vol. in-8, cart.

153 **Ministère de l'Instruction publique et des Beaux-Arts**. Inventaire général des Richesses d'art de la France. *Province. Monuments civils*, Paris, Plon, 1878-1891, volumes 1, 2, 3, 5, 4 vol. in-4 br. ; *Province. Monuments religieux*. Paris, Plon, 1886, Tome I, 1 vol, in-4, br. ; *Paris. Monuments civils*, Plon, 1880-89, 2 vol. in-4, br. ; *Paris. Monuments religieux*, Plon, 1877-1880, 2 vol. in-4, br. ; *Archives du Musée des Documents français*, Plon, 1833-1885. Ensemble, 11 vol. in-4, br., 2 vol. in-4, br.

154 **Julliot** (G.) et **Prou** (M.). Geoffroy de Courlon. Le Livre des Reliques de l'Abbaye de Saint-Pierre-le-Vif de Sens. Sens, 1887, 1 vol., in-8 br. 2 exemplaires.

Julliot (G.). Chronique de l'abbaye de Saint-Pierre-le-Vif de Sens. Sens, 1866. 1 vol. in-8, relié.

155 **Michel** (E.). Monuments religieux, civils et militaires du Gâtinais (Loiret et Seine-et-Marne). Depuis le XIe jusqu'au XVIIe siècle. Lyon, 1879. 1 vol. in-4, orné de 107 pl. H. T.

156 **Molinet** (C. du). Le cabinet de la Bibliothèque de Sainte-Geneviève. Paris, 1692. 1 vol. in-folio, relié. Nombreuses planches. H. T.

— Historia Summorum pontificum a Martino V ad Innocientium XI. Paris, 1679. 1 vol. in-folio relié plein veau, reliure ancienne. Nombreuses planches. H. T.

157 **Monceaux** (H.). Les Le Rouge de Chablis. Calligraphes et miniaturistes, graveurs et imprimeurs. Étude sur les débuts de l'Illustration du livre au XVe siècle. Paris, Claudin, 1896. 2 vol. in-4, br. Nombreuses reproductions dans le texte et H. T.

158 **Morin** (Dom). Histoire du Gastinois. Pithiviers, 1883, 3 vol. in-4, br. Nouvelle édition accompagnée de notes, documents et d'une table des matières publiée par H. Laurent. Réimpression sur grand papier. 1 frontispice, tirage limité.

159 **Muratori**. Novus Thesaurus veterum inscriptionum in præcipius eorumdem collectionibus eorumdem collectionibus Hactenus prætermissorum collectore Ludovico Antonio Muratorio serenissimi ducis Mutinoe Bibliothecæ prefecto. Mediolani, 1739. 4 vol. in-folio, cart.

160 **Nicard** (P.). Nouveau Manuel complet d'Archéologie. (Manuels Roret). Paris, 1841. 3 vol. in-16, reliés et 1 atlas de 40 pl.

Neltray (J. de). Fouilles et voyages au pays des Incas. Sens, 1886. 1 vol. in-8, br. s. Holl.

161 **Nisard** (D.). Histoire et description de Nimes. Paris, 1842. 1 vol. in-4, cart. sur grand papier vélin, gravures s. acier, épreuves avant la lettre.

Patarol (L.). Series Augustorum Augustarum cœsarum et tyrannorum omnium tam in Oriente a C. J. Cesare ad Leopoldum Cum eorumdem unogimbus. Venetiis, 1702. 1 vol. in-8, rel. moderne. 1 frontispice et nombreuses vignettes gravées.

Petit (V.). Description des villes et des campagnes du département de l'Yonne. Arrondissement d'Avallon. Auxerre, 1871. 1 vol. in-4. br. orné d'une nombreuse collection de dessins, cartes et plans.

162 **Pitiscus** (S.). Lexicon Antiquitatum Romanarum in quæ Ritus et Antiquitates cum Græcis et Romanis communes tum Romanis peculiares, sacræ et profanæ publicæ et privatæ civiles ac militares exponuntur. Leovardiæ, 1713. 2 vol. in-folio reliés plein parchemin, 2 frontispices, portraits et 1 pl. H. T. Bonne édition préférée à celle en 3 vol.

163 **Pœy d'Avant.** Description des Monnaies seigneuriales françaises composant la collection de Mr F. Pœy d'Avant. Fontenay-Vendée, 1853. 1 vol. in-4, cart. 26 pl.

164 **Poinsignon.** Histoire générale de la Champagne et de la Brie. Châlons-sur-Marne, 1885. 3 vol. in-8, br.

165 **Prou.** Manuel de Paléographie latine et française du vie au xviie siècle. suivi d'un dictionnaire des abréviations. Paris, 1890. 1 vol. in-8, br., 32 fac. similis en phototypie.

166 **Quantin** (Maximilien). Cartulaire général de l'Yonne, recueil de documents authentiques pour servir à l'histoire des pays qui forment ce département. 2e volume. Auxerre, 1860. 1 vol. in-4, br.

Quantin. Inventaire sommaire des Archives départementales antérieures à 1790. Yonne, Archives civiles, série A à F. Auxerre, 1868. Yonne, Archives ecclésiastiques. Série G. Auxerre, 1873. 2 vol. in-4, br.

167 **Quatremère** (Étienne). Recherches critiques et historiques sur la langue et la littérature de l'Égypte. Paris, Imprim. Impériale, 1808. 1 vol. in-8, relié demi-veau. Rare.

168 **Quesvers P. et H. Stein.** Inscriptions de l'ancien diocèse de Sens. Paris, Picard, 1894-1902. 3 vol. in-4 br., nombreuses reproductions. H. T. Le 1er vol. est intitulé Pouillé de l'Ancien diocèse de Sens. Tirage à 115 exempl.

169 **Reinesius** (Th.). Thomæ Reinesii Syntagma inscriptionum Antiquarum cumprimis Romæ veteris quorum omissa est rescensio in vasto Jani Gruteri opere cujus ist hoc dici possit supplementum. Opus Posthumum serenissimo potentissimo que Saxoniæ electori D. Johanni Georgio II ab auctore olim consecratum. Lipsiæ et Francofurti J. Fritschi et J. F. Gleditsch Typis J. Erici Hohmi, 1682. 1 vol. in-folio relié parchemin, 1 frontispice.

170 **Rich** (A). Dictionnaire des Antiquités Romaines et Grecques (traduct. Chéruel). Paris, 1861. 1 vol. in-8 br. orné de 2000 gravures dans le texte.

Recherches sur la valeur des Monnaies et sur le prix des grains avant et après le Concile de Francfort. Paris, 1772. 1 vol. in-12 relié.

171 **Robert** (Ch.). Sigillographie de Toul. Paris, 1868. 1 vol. in-4 cart., 41 pl.

172 **Robert** (Ch.). Numismatique de la Province de Languedoc. Période antique. Extrait de l'Histoire générale du Languedoc. Toulouse, 1876. Br. in-4, 68 pp. 4 pl.

Robert (Ch.). Atlas des Monnaies frappées dans les trois cités méridionales de la Belgique première pendant l'Antiquité et la période Romane. Extrait des Etudes sur la Numismatique du N.-E. de la France. Metz, 1853. 1 vol. in-4, 12 pp., 28 pl.

173 **Roserot** (A.). Armorial du département de l'Aube. Troyes, 1879. 1 vol. in-8 br. sur hollande, 2 pl. H. T. — **Rocher**. Histoire de l'Abbaye de Saint-Benoît-sur-Loire. 1 vol. in-8, br.

174 **Rougé** (E. de). Etude sur une stèle égyptienne appartenant à la Bibliothèque Impériale. Paris, Imprim. Impériale, 1858. 1 vol. in-8 relié demi-veau, 1 pl. H. T.

175 **Sabatier**. Production de l'or, de l'argent et du cuivre chez les anciens et Hôtels monétaires des Empires Romain et Byzantin. Saint-Pétersbourg, 1850. Broch. in-8.

Saulcy (de). Système monétaire de la République Romaine à l'époque de Jules César. Paris, 1873. Br. in-8, 32 p., 10 pl.

176 **Soultrait** (G. de). Essai sur la Numismatique Nivernaise. Paris, 1854. 1 vol. in-8 br., nombreuses vignettes.

Smith (Roach). Illustrations of Roman London. Londres, 1859. 1 vol. in-4 br., 41 pl. en noir et en couleurs.

177 **Tables historiques, généalogiques et géographiques** contenant l'Histoire du peuple de Dieu, de la France, de la Lorraine, de l'Autriche, de l'Egypte, des Assyriens, des Babyloniens et Chaldéens. Nancy, 1771. 1 vol. in-folio cart. contenant 28 tables et 10 cartes. Les cartes ont été ajoutées postérieurement.

178 **Tailliar**. Essai sur l'Histoire du Régime Municipal Romain dans le nord de la Gaule. Douai, 1851 ; 1 vol. in-8. br.

Tarbé(Th.). Recherches historiques sur la ville de Sens et ses environs. Sens, 1838. 1 vol. in-12, br.

— Recherches historiques sur le département de l'Yonne, ses antiquités et ses monuments. Sens. Paris, 1848. 1 vol. in-12, br.

179 **Vaillant** (J.). Numismata Imperatorum Romanorum praestantiora à Julio Cesare ad Postumum usque. Rome, 1745. 2 vol, in-4, relié.

180 **Viollet-le-Duc** (M.). Dictionnaire raisonné de l'Architecture Française du XIe au XVIe siècle. Paris, Morel, 1857-1868. 10 vol. in-8, reliés.

Winckelmann. Histoire de l'Art chez les Anciens, traduite par M. Huber. Paris, 1789. 3 vol. in-8, br.

— Recueil de lettres sur les découvertes faites à Herculanum, Pompeï, Stabia, Caserte et Rome. Paris, chez Barrois, 1784. 1 vol. in.8, br.

— Remarques sur l'Architecture des Anciens. Paris. 1783. 1 vol. in-8. br.

— Recueil de différentes pièces sur les Arts. Paris, chez Barros, 1786. 1 vol. in-8, br.

Witte (de). Description des antiquités et objets d'art qui composent le cabinet de feu M. le Chevalier Durand. Paris, 1836. 1 vol. in-8, relié.

182 **L'Ami des Monuments**. Années : 1887, 88, 89, 1890, 1891, 5 années de fascicules. Revue trimestrielle ornée de gravures dans le texte et H. T. Quelques fascicules dépareillés.

183 **Annuaire de la Société Française de Numismatique**. Années de 1866 à 1895, inclus en volumes ou en fascicules br.

184 **Archives Nobiliaires universelles**. Bulletin du Collège Archéologique et héraldique de France. Paris, 1843. 1 vol. in-4, cart., 5 pl. en couleurs.

185 **La Bourgogne**. Revue Provinciale, Histoire, Archéologie, Littérature, Sciences et Arts. Année 1868, 10 fasc.; Année 1869, 12 fasc.; Année 1870-1871, 10 fasc.

186 **Bulletin d'Archéologie Chrétienne**. Années 1870 à 1881. (Manque n° 1, année 1870.) En fasc. à 4 fasc. p. an.

187 **Bulletin de la Société Archéologique de Sens**. Volumes, 1 à 19 de 1846 à 1900. 19 vol. in-8, dont 7 reliés et 11 br. En double années 1897 et 1900. 2 vol. in-8, br.

188 **Bulletin de la Société Centrale de l'Yonne pour l'Encouragement à l'Agriculture**. Années 1859, 1862, 1864, 1867, 1868. 5 vol. in-8, br.

189 **Bulletin de la Société Nationale des Antiquaires de France**. Années 1884 à 1902 inclus. En fascicules brochés, 4 par année.

Mémoires et Documents publiés par la Société Nationale des Antiquaires de France. Fondation A. Prost. Mettensia. Années 1897, 1898, 1899, 1900, 1901, 1902. 6 fasc. in-8.

Mémoires de la Société Nationale des Antiquaires de France. Années 1869 inclus à 1900 inclus. 31 vol. in-8, br. 1 volume de tables de 1807 à 1899.

Mémoires de la Société Impériale des Antiquaires de France. Années 1859, 1860, 1863, 1866. 4 vol. in-8, br.

190 **Bulletin de la Société Héraldique et Généalogique de France**, Paris. Années 1879, 1880, 1881, 1882. 3 vol. in-8, rel.

191 **Comptes Rendus de la Société Française de Numismatique et d'Archéologie**. Années 1869 à 1879 inclus. En vol. ou fasc. br.

192 **Congrès Scientifique de France**. 15e session. Tours, 1848, 2 vol.; 25e session. Auxerre, 1859, 2 vol. Cette dernière en double. 6 vol. in-8, br.

193 **Congrès Archéologique de France**. De l'année 1847 inclus, à l'année 1901 inclus. (Manque 1886), soit 53 vol. in-8. br. Doubles : Années 1847, 1848, 1849, 1852, 1854, 1855, 1876. 7 vol. 2 rel., 5 br.

194 **Ministère de l'Instruction Publique et des Beaux-Arts**. Comité des Travaux historiques et scientifiques. Bulletin Historique et Philologique. Années 1882 inclus, à 1901 inclus en fascicules, 20 années.

— Bulletin Archéologique du Comité des Travaux historiques et scientifiques. Années 1885, 4 fasc.; 1886, 4 fasc.,; 1887, 3 fasc.; 1888, 3 fasc.: 1889, 3 fasc.; 1890, 4 fasc.; 1891, 4 fasc.; 1892, 4 fasc.; 1893, 3 fasc.; 1894, 3 fasc.; 1895, 3 fasc.; 1896, 3 fasc.: 1897, 3 fasc.; 1898, 3 fasc.; 1899, 3 fasc.: 1900, 3 fasc.; 1901, 3 fasc.; 1902, 2 fasc.

— Bulletin du Comité des Travaux historiques et scientifiques. Archéologie. 1883, 2 fasc.; 1884. 3 fasc.

195 **Le Moyen Age**. Bulletin Mensuel d'Histoire et de Philologie. Paris, Picard. Année 1888 et 1889, en fascicules.

196 **Mémoires lus à la Sorbonne dans les Séances extraordinaires du Comité Impérial des Travaux Historiques et des Sociétés Savantes. Archéologie**. Paris, Imprimerie Imp^{le}. Années 1861, 1863, 1864, 1865. 1866, 1867, 1868. 7 vol. in-8°, br.

197 **Mémoires de la Société d'Archéologie** Lorraine, Nancy. Années 1851, 1853, 1860, 1861, 1862, 1863, 1875, 1877, 8 vol. in-8°, reliés.

198 **Revue de la Champagne et de la Brie.** Histoire, Biographie, Archéologie, Documents inédits, Bibliographie, Beaux-Arts. Années 1886, 1887, fasc. 1-8-3-4-5-10 manquent; 1888 fasc. 7 à 12 manquent. Années 1889 à 1899 complètes; 1900 fasc. 1 et 2 manquent; 1901 fasc. 3 à 8 manquent. Soit 12 années complètes en fascicules et 4 incomplets.

199 **Revue des Sociétés Savantes des Départements.** 6ᵐᵉ Série. Tome V, 1877, 3 fasc. ; Tome VI, 1877, 3 fasc. ; Tome VII, 1878, 3 fasc.; Tome VIII, 1878, 3 fasc. — 7ᵐᵉ Série. Tome I, 1879-1880, 4 fasc, ; Tome II, 1880, 3 fasc. ; Tome III, 1880-1881, 2 fasc.; Tome IV, 1881-1882, 1 fasc. ; Tome V, 1882, 1 fasc.; Tome VI, 1882, 1 vol. ; Tome VII, 1883, 3 fasc.

200 **Revue Nobiliaire,** historique et biographique. Paris. Années 1866 et 1867, 1 vol. in-8°, relié.

201 **Publications de Sociétés locales :** Mémoires de la Société Archéologique de Rambouillet, 1890 à 1893. 1 vol. in-8° br. Mémoires de la Société des Antiquaires de l'Ouest, 1872, 1 vol. in-8° br. Mémoires de la Société Eduenne, 1844, 1 vol. in-8° br. Mémoires de la Société Historique littéraire et Arch. de Lyon. 1876. 1 vol. in-8° br. Mémoires de l'Académie de Nîmes, 1894. 1 vol. in-8° br. Mémoires de la Société Linnéenne du Nord de la France, 1869. 1 vol. in-8° br. Revue de Saintonge et d'Aunis. 1 vol. in-8° br. Bulletin de la Société d'Hist. et d'Archéologie de l'arrondissement de Provins, 1892-1894. 8 vol. in-8° br.

202 **Publications de Sociétés locales :** Annales de la Société des Lettres, Sciences et Arts des Alpes-Maritimes. Tome IV, 1877. 1 vol. in-8, br. — Bulletin de la Société d'Études d'Avallon, 1861 et 1864. 1 vol. in-8, br. — Bulletin de la Société Archéologique de la Charente. Angoulême, 1900. 1 vol. in-8, br. — Mémoires de la Société Académique de Maine-et-Loir. 6ᵉ vol., 1859. 1 vol. in-8, br. — Mémoires de la Société Académique du Département de l'Aube, 1898. 1 vol. in-8, br. — Mémoires de la Commission des Antiquités du Département de la Côte-d'Or. Dijon 1854. 1 vol. in-4, br. — Mémoires de la Société Archéologique de l'Orléanais, 1851. 1 vol. in-8, br. Tome I et Tome II. 8 vol. in-8.

203 **Lot de brochures diverses.** *Thedenat.* Trésors de vaisselle d'argent trouvés en Gaule. *Guillemot.* Emmaüs-Nicopolis. *Farcy.* Notices sur les Tombeaux des évêques d'Angers. *Bonnardot.* L'Abbaye royale de Saint-Antoine des Champs de l'ordre de Citeaux. *Guillaumot.* Portes de l'Enceinte de Paris sous Charles V. 20 pl. 5 fortes broch. in-4.

204 **Lot** de brochures numismatiques.

205 **Lot** de brochures archéologiques.

206 **Lot** de catalogues de ventes de monnaies.

207 **Lot** de brochures numismatiques et archéologiques.

208 **Lot** d'ouvrages divers.

209 **Lot** de brochures archéologiques et numismatiques.

210 **Lot** de brochures diverses.

CARTES GÉOGRAPHIQUES

211 Mappemonde à l'usage du Roy, par Guillaume Delisle premier géographe de S. M. (Écusson aux armes de France entouré des quatre parties du Monde). A Paris chez Guillaume Delisle, premier géographe du Roy de l'Académie royale des Sciences, sur le quai de l'Horloge, 15 avril 1720.

EUROPE

212 L'Europe suivant les nouvelles observations de M[rs] de l'Académie royale des Sciences, par N. de Fer, géographe de Sa Majesté Catholique à Paris, chez J.-F. Bernard, gendre de l'auteur, dans l'Isle du Palais sur le Quay de l'Horloge, à la Sphère Royale, 1739.

213 L'Europe divisée en toutes ses régions et grands estats, dressée sur les observations astronomiques de M[rs] de l'Académie royale des Sciences et des autres académiciens, par J.-B. Nolin, géographe, corrigée et augmentée en 1785, par L. Denis géographe et auteur du Conducteur français. A Paris, chez Basset, rue Saint-Jacques.

214 Carte générale de l'Europe où l'on voit le départ et le retour du C[ne] Cook, par Hérisson, élève de Bonne. A Paris, chez Basset, rue Saint-Jacques.

215 Carte de l'Europe dressée par Delisle et Buache, augmentée et corrigée par Dezauche. A Paris, rue des Noyers, 40 (1827).

AFRIQUE

216 L'Afrique dressée selon les dernières relations et suivant les dernières nouvelles découvertes, dont les points principaux sont placés sur les observations de M[rs] de l'Académie Royale des Sciences, par N. de Fer. A Paris, chez Danet, sur le Pont Notre-Dame, à la Sphère Royale.

217 Carte d'Afrique dressée pour l'Instruction, par Guillaume Delisle, revue et augmentée par Dezauche. Paris, 1797, rue des Noyers.

ASIE

218 L'Asie dressée selon les dernières relations, etc., par N. de Fer. Paris, chez Danet, 1722.

219 Carte d'Asie, etc., par Guillaume Delisle et Buache. Paris, 1798.

AMÉRIQUE

220 L'Amérique Méridionale et Septentrionale, etc., par N. de Fer. En haut dans un cartouche orné de la description de l'Amérique.

221 Autre variété avec le cartouche dressé et dédiée à nos seigneurs Enfants de France.

222 Carte d'Amérique dressée, etc., par Guillaume Delisle et Buache. Paris, an 9 (1800), chez l'auteur, rue des Noyers.

FRANCE

223 Le royaume de France, distingué suivant l'Estendue de toutes les Provinces et ses acquisitions, par Samson et Jailliot. Paris.

224 La France divisée en ses principaux gouvernements, par Bénard, petit-fils de N. de Fer. Paris, chez Desbois, 1753. A l'entour plan de villes fortifiées.

225 Carte de France, dressée par Delisle et Buache, corrigée par Duzauche. Paris, 1788.

Deux exemplaires. Une avec limites coloriées et l'autre en noir.

226 Carte de France suivant sa nouvelle division en 83 départements, par Delisle et Dezauche. Paris, 1791. Deux exemplaires.

PARIS ET ENVIRONS

227 Nouveau plan routier de la ville et faubourgs, 1787.

228 Plan de Paris en 1825, par Achin.

229 Paris divisé en 12 arrondissements et 48 quartiers, par Toussaint, architecte.

230 Réduction des 9 feuilles des environs de Paris, par M. l'abbé Delagrive, 1754. (Sur peau de mouton.)

231 Les environs de Paris dans lesquels se trouve l'archevêché et l'élection de cette fameuse ville divisé en ses trois archidiaconez et en ses deux archipretrez et sept doyennez ruraux, par Desnos, 1770.

232 Plan des bosquets de Versailles, par l'abbé Delagrive, en 1753. (Sur peau de mouton.)

233 Réduction de la carte topographique des environs de Saint-Hubert et de Rambouillet, levée par ordre du Roi par les Ingénieurs géographes des Camps et Marches des Armées de Sa Majesté, sous la direction du Sr Berthier, en 1764.

PROVINCES

234 Carte de l'Évêché et Comté d'Artois, par Sanson d'Abbeville, 1656.

235 Gouvernement général de Champagne et la Généralité de Châlons, dressé par Tralage, dit Tillemon, et Nolin.

236 Gouvernement Général de Guyenne et Gascogne, dressé par Nolin, 1760.

237 Généralité de la Rochelle comprenant le pays d'Aunis, la Saintonge, par le Sr Nolin. (Vignettes, vue de Rochefort et plan, coupe et élévation du Phare de Cordouan).

238 Carte de la Province de Normandie dressée par M. Duperrier, 1780.

239 Carte des environs d'Abbeville, Dourlens, Amiens, Corbie et du cours de la Somme. A Bruxelles, chez Georges Friex, imprimeur de Sa Majesté (vers 1722).

240 Carte particulière des Environs d'Avesnes, Landrecy, La Capelle, Guise, etc. A Bruxelles, chez Friex, 1722.

241 Carte des environs de Béthune, Douay, Arras, Bappaumes, Dourlens, Hedin, Lécluse, Saint-Pol, et autres. Chez Crépy, rue Saint-Jacques, à l'Image de Saint-Pierre, Paris. (Dressée et gravée sur les mémoires d'Eugène Friex).

242 Carte particulière des Environs de Cambray, Bappaumes, Saint-Quentin, Péronne. A Bruxelles, chez Friex, 1710.

243 Carte sans titre pour la région Gravelines, Saint-Omer, Aire, Saint-Venant, Armentières, Lille, Dunkerque, Bergue, Dixmuyde, Ypres et Menin.

OPÉRATIONS MILITAIRES

244 Plan du fort Philippe avec les Attaques, levé par les Ingénieurs depuis le Siège, par le Sr Rouge, à Paris (août, 1756). A l'entour, profil des forts Anstrüther et d'Argile et du fort de la Reine. (Entrée du Port Mahon).

245 Plan du Fort élevé dans l'île des Cignes (Paris) pour l'Instruction de la Jeunesse de la Noblesse de l'École Militaire. Dressé et dessiné par le Sr Berthier, ingénieur sous les ordres de M. le Chevalier de Lussan, ingénieur du Roy et Directeur de l'École.

246 Plan de la Bataille de Molwitz (10 Avril 1741).

247 Carte générale d'une partie de la Flandre contenant 32 lieues carrées réduites, etc.. où le Terrain est représenté pour faire voir tous les mouvements de l'Armée (Cambrai, Bouchain, Valenciennes, Condé).

248 Bataille de Bergen, près Francfort, gagnée par M. le Duc de Broglie et l'Armée du Main, sur l'armée des Alliées, aux ordres du Prince Ferdinand, le 13 Avril 1759.

249 Carte du Théâtre de la Guerre ou Carte Générale comprenant la Prusse, le Grand Duché de Varsovie, l'Autriche, la Turquie et la Russie d'Europe, par C. F. Delamarche, Paris, 1812.

250 Théâtre de la Guerre, novembre 1832. Plan de la Ville et citadelle d'Anvers pris sur les lieux. (Litho, Gentilhomme, à Paris).

251 Fortifications de Paris. Ouvrages extérieurs et intérieurs (1870-1871). Litho de Cathier.

252 Carte du théâtre de la Guerre comprenant la Turquie, la Grèce avec les pays limitrophes et les routes, 1828. Gravée par Langlois, géographe, rue d'Anjou Dauphine, Paris.

253 Théâtre de la Guerre entre les Russes et les Turcs, 1854. Paris. Logerot, éditeur. Imprimerie Lemercier.

ALLEMAGNE

254 Partie du Palatinat du Rhin, l'Evesché de Spire et de Worms, les comtés de Spanheim et de Linauge, par le Sr Gaspard Baillieu, Paris, 1708.

255 Empire d'Allemagne, par N. de Fer. 25 cm × 18 cm.

256 Imperium Germani cum in suos circulos Elect. et Status., etc., par Matthieu Seutter. Petite carte coloriée.

257 Palatinus inferior sive Electoratus Palatinus ad Rhenum, etc., par Matthieu Seutter. Carte coloriée.

258 S. R. I. Circulus Rhenanus superior, par Jean-Baptiste Homanni, à Nuremberg. Carte coloriée.

259 Circulus Saxoniae Inferioris, par J.-B. Hommani. Nuremberg. Carte coloriée.

260 Territorii Episcopatus Osnabrugenis Tabula geographica, etc., par Homanni, 1753. Carte coloriée.

261 Territorium Seculare Episcopatus Monasterii, etc. par Homanni, 1757. Carte coloriée.

262 Carte sans titre ni marge de la région de la Prusse (Ravensperg, Munster en West-phalie, Paderborn, Hameln, Hanovre. Göttingen, etc.). (Texte en français). Traits coloriés.

263 Autre partie des régions : Neustadt, Coblence, Siegen, Marburg, Wetzlar, Cassel, Hirschfeld, Fulda.

264 Autre partie avec la région Vallée du Rhin, de Boppard à Emmerick, avec à l'Est les régions de Munster, Hammeln, Hanovre, Paderborn, Eimbeck, Göttingen, Baillage de Birkenfeld, Nassau, Cassel, Fritzlar, Hirschfeld, Wetzlar et la Prin-cipauté de Hirchfeld. Grande carte coloriée.
   Ces cartes devaient servir à des opérations de guerre.

265 Carte des marches du Brandebourg, Principauté Altenbourg, Saxe électorale et Basse Silésie. Lusace. Texte en latin. Carte coloriée.

266 Carte du Duché de Silésie. Texte en latin. Carte coloriée.

267 Carte générale d'Allemagne divisée en ses cercles et subdivisée en ses principaux États dressée par ordre de S. M. I. par Eisenschmidt, mathématicien et docteur en médecine à Strasbourg. Revue et augmentée par Hofmann, géographe du Roi. Paris, 1758.

268 Carte itinéraire de l'Empire d'Allemagne et de ses frontières dressée par l'Aca-démie royale des Sciences et Belles Lettres de Berlin à Paris le 1er octobre 1759. Carte coloriée.

269 L'Allemagne dressée sur les observatious de Tycho-Brahé, de Kepler, de Snellius, sur Zeiler, par G. de l'Isle, géographe. Paris, 1788. Carte coloriée.

ESPAGNE

270 Carte de l'Espagne dressée par Guillaume Delisle, sur la description de Rodrigo Mendez Sylva, vérifiée et augmentée par Th. Buache en 1789. Carte coloriée.

271 — Nouvelle carte des Routes de Postes et Itinéraires des Royaumes d'Espagne et de Portugal par Herisson, ingénieur géographe, Paris, 1823. Carte coloriée.

LES FLANDRES ET LES PAYS-BAS

272 Les Comtés du Hainaut, de Cambresis et de Namur dressés sur les Mémoires les plus nouveaux en 1735. Carte coloriée.

273 Le Comté de Namur, Partie de l'Evesché de Liège, du Luxembourg, Duché de Bouillon, Prevosté de Virton et le Cours de la Meuse depuis Dun, Stenay, Mou-zon, Sedan, Mézières, Charlemont, Dinan, etc. Cartes coloriées en 2 parties par Jaillot, 1705.

274 Carte du Duché de Limbourg, Juliers et comtés de Salm, Manderscheid et Vianden. Même époque que ci-dessus. Carte coloriée.

275 Comté de Flandre avec Partie des Comtés du Hainaut et d'Artois, par Crépy, géographe, Paris, rue Saint-Jacques, 1741.

276 Carte particulière des environs de *Bruxelles*, Louvain. Diest, Tirlemont, Vilvorde, Nivelle, Halle, etc., 1743, Paris. Se vend chez Crépy.

277 Carte particulière des environs de *Courtray*, Oudenarde. Mons, Tournay, Ath, Ninove, Alost, Orchies, 1743. Se vend chez Crépy, Paris.

278 Carte des environs de *Gand*, l'Écluse, Bruges, Hulst, Axel et Sas de Gand. Se vend à Paris, chez Crépy, 1743.

279 Carte particulière des environs de *Malines*, Anvers, Aerschodt, etc., 1743. Se vend à Paris, chez Crépy.

280 Carte particulière des environs d'*Anvers*, Gand, Hulst et de tout le pays de Waes. A Bruxelles, chez Friex, 1745.

281 Carte particulière des environs de *Berg of Zoom*, Tolen. Willemstat, Zuricksee et Bomène. Bruxelles, chez Friex, 1747.

282 Carte particulière des environs de *Bois le Duc*. Hellemont, Nimègue, Clèves, Genep, etc. Bruxelles, chez Friex, 1747.

283 Carte particulière des environs de *Bréda*, Geetrudenberg, Dort, Gorcum et Bommel. Bruxelles, chez Friex, 1747.

284 Carte particulière des environs de *Bruges*. Ostende, Damme. l'Écluse et Antires. Bruxelles, chez Friex, 1744.

285 Carte particulière des environs de *Bruxelles*. des Bois de Soignes et de la Flandre jusqu'à Gand. Bruxelles, Friex, 1746.

286 Carte particulière des environs de *Liège*, Limbourg et partie du Luxembourg. Bruxelles, chez Friex, 1746.

287 Carte particulière des environs de *Liex* et d'une partie de la Campine. Bruxelles, chez Friex, 1746.

288 Carte particulière de *Louvain*, Aerschot, Diest. Tirlemont, Lean, Malines et une partie du pays de Liège. Bruxelles, chez Friex, 1746.

289 Carte environs de *Luxembourg*, Bastogne, Arlon, La Roche. Bruxelles, chez Friex, 1727.

290 Carte particulière des environs de *Maëstricht*. partie de Liège, Faucquemont et pays d'Outre-Meuse. Bruxelles, chez Friex.

291 Carte particulière des environs de *Namur*, Huy, Dinant. Philippeville, etc. Bruxelles, chez Friex, 1745.

292 Carte particulière des environs de *Philippeville*, Charlemont, Marienbourg, Rocroy, Charleville, Mézières, Sedan, Bruxelles, chez Friex, 1732.

293 Carte particulière des environs de *Rœrmonde*, Venlo, Le Marais de Peel, etc. A Bruxelles.

294 Duchés de Clèves, Juliers, Limbourg, le comté de Mœurs, Ruremonde, la Gueldre, et l'archevêché de Cologne. Paris par Jaillot, s. d. Carte coloriée.

GRAVURES & LITHOGRAPHIES HISTORIQUES

295 Louis XIV. Gravé par Cathelin. 25 × 19 1/2.

296 Ouverture des États Généraux à Versailles 1789, se vend chez Patas, graveur à Paris.

297 Louis XVI et Marie-Antoinette. 2 gravures d'après Baze et gravées par Miger. Maréchal Brune, entouré des sujets : Révolte du Caire ; Bonaparte et Kléber ; les Pestiférés de Jaffa. Lithographie (N° 7).

298 Napoléon Bonaparte, Empereur des Français. Gravure déposée à Paris et à Toulouse.

299 Catafalque du duc de Montebello dans l'Église impériale des Invalides, 6 juillet 1810. Gravure en couleur. A Paris, chez Jean, rue Jean-de-Beauvais, 10.

300 Napoléon sur son rocher à Sainte-Hélène. Lithographie.

301 Souvenirs. Sujets allégoriques : Sainte-Hélène, Augsbourg, Vienne, La Colonne, Charleroy, Montmirail, Vienne, Russie. Litho de Derebergue.

302 Louis XVIII. Litho ovale découpée. Le roi debout tenant son chapeau à plumes et sa canne et botté de feutre.

303 Le Bouquet Français (Henri IV, Louis XVIII, Mme d'Angoulême, le duc de Berry, le duc d'Angoulême, Monsieur Frère du Roi). Gravure coloriée.

304 Henri IV avec ses enfants. Dessiné et gravé par Canu. S. A. R. Mademoiselle d'Artois. Dessin d'après nature par Chasselat. Dédié à la Ville de Paris. Gravure de Bosselman.

305 M. le Duc de Bordeaux. (Comme ci-dessus).

306 Henry et sa sœur. Gravure de chez Dopter, rue Saint-Jacques.

307 Saint Henry. Gravure de chez Dopter.

308 Charles X le Bien-Aimé. Litho ovale découpée.

309 Philippe Ier et sa famille. Gravure de chez Dopter. Place du Caire, 15.

310 Eugénie, Impératrice des Français. Litho Desmaisons.

SUJETS ALLÉGORIQUES

311 La Vertu surmonte tout obstacle. Gravé par Audran, d'après le tableau de Le Brun.

312 La Vraye Valeur est toujours invincible. Gravé par Audran, d'après le tableau de Le Brun.

313 La Géométrie personnifiée. Gravé par Bricart, d'après Santerre.

314 Jeune femme lisant. Gravé par John Condé, d'après R. Cosmay.

315 Le Calendrier des Vieillards. Gravé par de Larmessin, d'après Boucher.

316 L'Officieuse Femme de Chambre. Gravé et peint par Challe en 1790.

317 Le Vieillard. Gravé par De Larmessin, d'après Lancret.

318 Breuvage d'Amour à l'Innocence. Dessiné par Firmin et gravé par Augrand.

319 Toilette d'Esther (N° 1).
320 Évanouissement d'Esther (N° 2). } Gravé par Aubry et Philippeaux.

321 La Tentation de saint Antoine. 2 modèles différents. Litho de C. Motte. 5 ex.

322 Chasse au Tigre. Litho de C. Motte. 2 ex.

323 Chasse au Lion. 2 ex.

324 Réveil de la Grèce. Litho de C. Motte. 2 ex.

325 Lot de gravures diverses extraites d'ouvrages du xviiie siècle. (Les 4 parties du Jour, l'Art de peindre, Lucrèce, Tragédies de Dorat, etc., la Henriade, les Saisons de Saint Lambert, etc.

326 Autre lot. Les Charmettes, Tombeau de J.-J. Rousseau à Ermenonville, etc.

PERSONNAGES

327 Albinus (Bern.). Médecin anatomiste. Musée de Leyde. Gravé par Tardieu, Anquetil. Gravure de Gallemard, 1844.

328 Bailly. Maire de Paris. Gravure en couleur, chez Mme Bergny, Marchande d'Estampes.

329 Autre variété en couleur.

330 Barthélemy. Commissaire aux Armées. Gravure noire.

331 Bernières (Jean de). Trésorier de France à Caen. Gravé par Landry, 1677.

332 Bonnot de Mably, né à Grenoble. Gravure de Rousonnette.

333 Bourbon (L. François de). Frédéric de Conti (1717-1776). Gravé par Romanet.

334 Condé (L.-A.-H. de) 1772-1804). Gravure.

335 Breteuil (Gabrielle-Émilie de), épouse du Marquis du Châtelet.

336 Bailly de Sarre-Louis. Morte à Lunéville, 1749. Peint par Mlle Loir, 1751. Gravure noire.

337 Buzot, député à la Convention, né à Évreux, 1769-1794. Gravure noire.

338 Byron (Lord). Gravé par Hopwrood. Petite gravure.

339 Chateaubriand. Gravé par Lefèvre.

340 Condé (Le Grand). Gravé par S. A.

341 Dodart (Denis). Botaniste et médecin, 1634-1707. Gravé d'après Cochin par Tardieu.

342 Domangeville (A. M. Louise-Thomas de), épouse du baron de Theil. Son buste. Héliogravure Dujardin.

343 Dorat. Gravure de Dupin, chez Esnauts et Rapilly.

344 Duclos (Charles), Historiographe de France. Gravure noire.

345 Dugay-Trouin. Gravure par Bradel, dédiée à MM. les Maires et les Eschevins de Saint-Malo.

346 Dupaty (Ch. Mercier), Magistrat, né à La Rochelle, 1746-1788. Gravé par Tardieu.

347 Élisabeth, Reine d'Angleterre. Gravé par N. Thomas, 1786.

348 Fenelon. Gravure noire par Geoffroy.

349 Gœthe. Gravure de Giraldon Bovinst.

350 Gresset, 1709-1777. Gravé par Tardieu.

351 Lafarre (A. Louis-Henri de), né à Luçon. Évêque de Nancy, député du Clergé de Nancy, en 1789. Gravure signée Labadye et Voyez.

352 Lafarre (A.), Cardinal archevêque de Sens. Gravure de Chazal.

353 La Fontaine (Jean de). Gravure de Savard, 1769.

354 La Marche (Jean-François), Évêque et comte de Léon, né en Cornouailles, débarqué en Angleterre le 28 février 1791. Gravure de Skelton. Publiée à Londres en 1797.

355 Lomenie de Brienne (Ét.-Charles de), Archevêque de Toulouse, Ministre des Finances. Gravure en couleur de Cossard. A Paris, chez Rapilly.

356 — Lithographie de Delpech.

357 Manuel, Député de la Vendée et Finistère. Lithographie.

358 Massillon. Petite gravure de Saint-Aubin.

359 Palissot (Charles), né à Nancy en 1733. Gravé en 1777 par Cheffard. Dessin du roi d'Espagne.

360 Pétion de Ville Neuve, avocat, député de Chartres. (Gravure tirée de l'ouvrage de Bonneville).

361 Pie VIII, Pape. Litho de Senefelder (1830).

362 Piis (A. P. A. de). Secrétaire interprète du comte d'Artois. Gravé par Gaucher.

363 Platon. Gravé par Rousonnette, 1808.

364 Portalès. Gravure au trait par Fremy.

365 Roland (M.-J. Philipon). Gravure découpée sans marges.

366 Rousseau (J.-Jacques). Son buste et tombeau. Gravure.

367 Saxe (Maréchal de). Gravé par Le Beau et Desraies.

368 Sidney (Algernon). Gravure noire.

369 Sixte V, Pape. Gravure découpée.

370 Stuart (Marie). Gravé par Thomas, 1787.

371 Talma. Gravure par Hollier et Aubert.

372 Voltaire. Peint par Delatour. Gravure noire.

373 Voyer d'Argenson. Lieutenant de police, Paris. Gravé par Desrochers.

CARTES ET GRAVURES

374 **Paris**. Carte modèle d'Étude en 1786 pour l'École des Ponts et Chaussées. (Gravé par Lesage.)

375 Tableau de la marche du Choléra morbus à Paris, depuis le 25 mars au 30 septembre 1832. Lithographie Clouet. Diagrammes coloriés.

376 Projet d'une place sur l'Emplacement de la Bastille avec une colonne au centre semblable à celle de Trajan à Rome. Plan gravé et vue de la Colonne par Gaitte.

377 Porte Dauphine. Vue de la porte du côté de la Cour ovale. Gravé par Balthard.

378 La Colonne de la Grande Armée. Gravure vendue chez Codoni aîné, rue Greneta, 2.

379 État actuel de la Mare d'Auteuil, 1870-1871.

380 Avenue de Boulogne. Vue prise de la porte d'Auteuil. Au fond, Saint-Cloud, 1870-1871. Gravure éditée par Cadart et Luce.

381 **Province**. Avallon (Yonne). Panorama de la ville. Vue prise du parc des Alleux. Litho Victor Petit.

382 Bagnères de Luchon. Cirque de la Vallée du Lys. Vue prise au-dessus des granges de Cazaux. Litho Victor Petit. 2 exempl.

383 Bourbon (Pas-de-Calais). Vue du Château. Litho Victor Petit. 2 exempl.

384 Bourges (Berry). Vue de la cathédrale (1835). Gravure de Chapuy.

385 Brioude. Chevet de l'église Saint-Julien. Victor Petit. — Autre exemplaire sans texte imprimé.

386 Brou (Ain). Cathédrale de Notre-Dame. Tombeau de Marguerite d'Autriche. Litho Victor Petit.

387 — Retable de la Vierge. Litho Victor Petit.

388 Calais. Vue du port jusqu'à la jetée ouest. Dessiné et gravé par Baugeau.

389 Châlons-sur-Marne. La cathédrale Notre-Dame en 1845. Litho Victor Petit.

390 Clermont-Ferrand. Fontaine d'Amboise. Place Delille. — Autre variété sans texte. Litho Petit.

391 Grenoble. Vue du Pont de Bois.

392 Issoire. Abside de l'église Saint-Paul. Litho Petit.

393 La Ferté Fresnel (1864). Litho de Victor Petit. 5 vues différentes.

394 Lignières (Cher). Église Notre-Dame, 1865. Litho Victor Petit. 2 exempl.

395 Lille. Monument du siège de Lille, 1792. Litho Lemercier.

396 Marseille. Vue de la ville et du port. Gravure de Baugeau.

397 Milly. Gravure par Rouargue.

398 Montargis. Ruines du château côté Est. Litho de Motte.

399 — Démolition du château (1810). Litho de Motte.

400 Montbard (Côte-d'Or). Tour de Buffon. Litho de V. Petit.

401 Pierrefort. Église. Litho Petit.

402 Pyrénées (Panorama de la Chaîne des). Vue prise de la place Royale à Pau, Litho de Petit. 2 exempl. avec album du croquis des montagnes dessiné par Petit et gravé par Gérin. Édité par Hachette-Joanne.

403 Reims. Entrée de Charles X à l'église Notre-Dame, 29 mai 1825. Dédié à son A. R. Mme la duchesse de Berry. Litho de Constans.

404 Saint-Fargeau (Château de). Litho de Petit.

405 Vézelay. Église de la Madeleine. Litho de V. Petit.

406 — Trois lithos de V. Petit devant se rapporter à la région.

407 Six gravures de la région, plus une de Menton, et une de Cannes, par Guillon, dédicacées et signées par le graveur.

408 **Étranger**. Chillon (Suisse, château de), gravé par Regi et colorié. Publié par Fussli, à Zurich.

409 Gand. Béguinage de Sainte Élisabeth des Frères Prêcheurs en l'an 1234. (Retirage). Gravé par Wauters, à Gand, 2 ex.

410 La Haye. Vue de Skervin. Promenade à un quart de lieue de La Haye. Gravé par Le Bas et peint par Ruisdaël.

411 Londres. Élévation et perspective de l'Église-Cathédrale de Saint-Paul (vue de côté). Gravé par Charpentier, 1767.

412 — L'église vue du côté Sud-Est. Gravure à marge coupée.

413 — Panorama colorié. Gravé par Ed. Wallis, Londres.

414 Nuremberg. Vue intérieure de l'Église-Cathédrale. Gravé par Wolf, 1693.

415 Poblet. Salle capitulaire du Monastère. Gravé par Benoist.

416 Lot de gravures, lithos, aquarelles.

417 Lot de gravures, lithos, dessins, etc.

OUVRAGES AVEC GRAVURES.

418 Le Jugement universel, par Michel Ange. Gravé au trait, en 17 planches, par Thomas Piroli.

419 Album des gravures de la Logge del Vaticano, 14 planches. Sorti des presses de Nicolas de Antoine, à Rome.

420 Album Iudicii universalis paradigma Sacrae Scripturae testimoniis confirmatum. (Portraits du Jugement éternel). A Paris, chez Drevet, rue Saint-Jacques. (Retirage). 12 planches gravées et peintes, par Jean Cousin, de Sens.

421 Album contenant des lithographies représentant la Sainte Famille d'après les dessins de Pinxner, 1822. Imprimerie Steiner, de Stuttgard.

422 Album de dessins et lithographies de A. Challard.

423 Album contenant des dessins de sites français, par Victor Petit.

GRAVURES RELIGIEUSES

424 Gravures représentant l'Annonciation, la Cène, la Vie de Jésus-Christ, etc. 17 pièces.

425 Gravures représentant la Vierge. (En vente chez Godin, Jagot, Pillot, Sornique, 1744, J. Freij), etc. 8 pièces.

426 Le véritable portrait du Vénérable Benoist Joseph Labre. Gravure vendue à Paris, chez Rapilly (vers 1785).

427 Gravures et lithos représentant Vision de Saint Luc, Saint Sébastien, Sainte Thérèse, Saint Vincent de Paul, 4 pièces.

428 Lot de petites gravures se rapportant à l'Histoire Sainte. 43 pièces.

429 Lot de gravures religieuses sur parchemin et papier. (Gravées par Charles Neel, Galle, Chereaux. 60 pièces).

IMAGERIE POPULAIRE

430 Images religieuses sur parchemin peintes à la main et découpées. 16 pièces.

431 Images populaires coloriées du xviii° siècle. Époque Révolution, etc. 30 pièces.

432 Éventail en papier sujet colorié : Apparition et Conseils de Henri IV à Louis XVI ou la vérité découverte.

433 Théâtre de la République avec décors peints, fonds, personnages. Sujet à découper. Imprimerie Dembourg et Gengel, Metz.

434 Trois aquarelles chinoises sur pain azyme (vers 1869).

435 Quatre aquarelles chinoises coloriées sur feuilles d'arbres.

LIVRES DIVERS

436 **Abbadie** (Jacq., ministre calviniste). L'Art de se connoître soi-mesme, ou la recherche des sources de la Morale. *La Haye, Jean Neaulme*, 1741, in-12, veau, dos orné 5 nerfs, tr. marbr. (*Rel. anc.*)

437 **Almanach.** Almanach Chantant, pour l'Année Bissextile 1748. Par M. Nau. *A Paris. chez la Veuve David*, 1748. (*2 planches de musique notée dépliantes*). — Calendrier pour l'An Treizième de la République Française, avec les jours correspondants de l'ancien Calendrier, 1805. *A Paris. chez Janet*, in-32 oblong (sans la suite « l'Art de tirer les Cartes »). — Le Petit Désiré des Français. Etrennes Historiques, contenant Règles sur le Jardinage, Princes Français. Jours d'audiences des Ministres et autres personnes en place, Campagne des Français en Allemagne en 1805 ... Pour l'An Bissextile 1808. *A Paris, chez Langlois*. — Almanach des Jeux, Étrennes aux Joueurs, contenant les Règles des Jeux de Piquet, de la Carambole et de la Guerre. Pour la présente année (1811). *A Lille, chez Vanackere*, in-12 (*Frontispice colorié*). — Petit Almanach Royal, pour l'Année 1814. *A Paris*. En dépôt : chez Marcilly, in-32, couv. imp. — Étrennes Universelles anciennes de Falaise, ou Almanach comme il y en a peu, utile et agréable, pour l'Année 1824. Par P*** Bouquet, éditeur propriétaire. *A Paris. chez Demoraine*, in-32 (*2 planches gravées dépliantes*). — Étrennes Royales de France, pour l'année 1827; contenant les principales Puissances de l'Europe. les Ministres, les Maisons du Roi et de la Famille royale.... *Paris. Veuve Demoraine et Boucquin* ... in-32 (*2 cartes gravées dépliantes et 1 planche de portraits*). — Soit une réunion de 7 volumes in-32, brochés, dans leur couverture originale.

438 **Almanach Royal.** Année 1774. *A Paris, chez Le Breton*, in-32, maroq. r. anc., dos orné sans nerfs. triple fil. encadr. les plats. fleuron aux angles. dor. sur les coupes, bord. intér.. tr. dor.

439 **Almanach Royal.** Année 1774. *A Paris, chez Le Breton*, 1774. in-32, maroq. r. anc., dos orné sans nerfs, joli motif de feuilles et fleurs entrelacées recouvrant les plats, dor. sur les coupes. bord. intér., tr. dor. Exemplaire dérelié. coins lég. usés. gardes usagées.

440 **Almanach Royal**. Année 1775. *A Paris, chez Le Breton*, in-32, maroq. r. anc., dos orné sans nerfs, triple encad. sur les plats avec fleuron aux coins, gracieux motif au centre, emblème mosaïque sur fond vert représentant 2 cœurs, surmontés d'une couronne, le tout entouré d'un feston argenté. Au second plat, réplique du 1er médaillon avec seulement cette inscription « *Unis pour jamais* ». Dor. sur les coupes, bord. intér., tr. dor. (Coins lég. usés.)

441 **Almanach Royal**. Année Bissextile 1776. *A Paris, chez Le Breton*, in-32, maroq. r. anc, dos orné sans nerfs, joli motif ,recouvrant les plats, dor. sur les coupes, bord. intér., tr. dor. (Très lég. éraflure au dos.)

442 **Almanach Royal**. Année 1777. *A Paris, chez Le Breton*, in-32, maroq. r. anc., dos orné sans nerfs, dent. encadrant les plats, motif de fleurs et d'oiseaux au centre, dor. sur les coupes, bord. intér., tr. dor.

443 **Almanach Royal**. Année 1778. *A Paris, chez Le Breton*, in-32, maroq. r. anc., dos orné sans nerfs, large dent. encadrant le pslats, dor. sur les coupes, bord intér., tr. dor.

444 **Almanach Royal**. Année Commune 1790. *Imp. de la Veuve d'Houry et Debure.* in-8°, veau marbr., dos orné sans nerfs, 3 fil entour. les plats., tr. dor. (*Rel. anc.*)

445 **Almanach** de la Cour, de la Ville et des Départements. Pour l'Année 1839. *Paris, Louis Janet*, in-32, cartonnage mauve à la Bradel, tr. dor., étui.
   Vignette sur le titre.

446 **Almanach**. Calendrier [de la Cour, tiré des Éphémérides, pour l'année 1777.... *A Paris, rue Saint-Jacques, chez la Veuve Hérissant*, 1777, in-32, maroq. r. anc., dos orné sans nerfs, dentelle sur les plats, armoiries au centre, dor. sur les coupes, bord. intér., tr. dor.
   Aux Armes de Louis XV.

447 **Almanach**. Calendrier de la Cour, tiré des Éphémérides, pour l'Année 1779... *A Paris, rue Saint-Jacques, chez la Veuve Hérissant*, 1779, in-32, bas. fauve, dos long orné, bord. encadr. les plats, motif au centre mosaïqué, tr. dor.

448 **Almanach**. Calendrier de la Cour, tiré des Éphémérides, pour l'Année 1779... *A Paris, rue Saint-Jacques, chez la Veuve Hérissant*, 1779, in-32, maroq. r. anc., dos orné sans nerfs, encadr. sur les plats avec emblème au centre (attributs géographiques), dor. sur les coupes, bord. intér., tr. dor.

449 **Almanach**. Calendrier de la Cour, tiré des Éphémérides, pour l'Année Bissextile 1780 ... *A Paris, rue Saint-Jacques, chez la Veuve Hérissant*, 1780, in-32, maroq. r. anc., dos orné sans nerfs, large motif d'encadr. sur les plats avec ovale au centre, dor. sur les coupes, bord. intér., tr. dor.

450 **Almanach**. Calendrier de la Cour, tiré des Éphémérides, pour l'Année 1781... *A Paris, rue Saint-Jacques chez la Veuve Hérissant*, 1781, in-32, maroq. r. anc., dos orné sans nerfs, large et bel encadr. sur les plats, gracieux motif de fleurs et d'insectes au centre, dor. sur les coupes, bord. intér., tr. dor.

451 **Almanach**. Calendrier de la Cour, tiré des Éphémérides, pour l'Année 1781... *A Paris, rue Saint-Jacques, chez la Veuve Hérissant*, 1781, in-32, maroq. r. anc., dos orné sans nerfs, triple encadr. or sur les plats, fleuron aux angles, dor. sur les coupes, tr. dor.

452 **Almanach**. Calendrier de la Cour, tiré des Éphémérides, pour l'Année 1783... *A Paris, rue Saint-Jacques, chez la Veuve Hérissant*, 1783, in-32, bas. fauve, dos long orné, triple encadr. fil. or sur les plats, motif au centre, tr. dor.

453 **Almanach**. Calendrier de la Cour, tiré des Éphémérides, pour l'Année 1783... A
Paris, rue Saint-Jacques, chez la Veuve Hérissant, 1783, in-32, maroq. vert anc.,
dos orné sans nerfs, large encadr. petits fers dor., dor. sur les coupes, bord
intér., tr. dor.

454 **Almanach**. Calendrier de la Cour, tiré des Éphémérides, pour l'Année 1783... A
Paris, rue Saint-Jacques, chez la Veuve Hérissant, 1783, in-32, maroq. r. anc.,
dos orné sans nerfs, dent. et large motif de fil. or et fleurs entrelacés recouvr. les
plats, dor. sur les coupes, bord. intér.. tr. dor.

455 **Almanach**. Calendrier de la Cour, tiré des Éphémérides, pour l'Année 1785... A
Paris, rue Saint-Jacques, chez la Veuve Hérissant, 1785; in-32, maroq. r. anc., dos
orné sans nerfs, plats mosaïqués, très ornés, emblème au centre sur fond vert
représentant, au 1er plat, une figure mythologique, au second plat, un moulin à
vent : dor. sur les coupes, bord. intér., tr. dor.

456 **Almanach**. Calendrier de la Cour, tiré des Éphémérides, pour l'Année 1785... A
Paris, rue Saint-Jacques, chez la Veuve Hérissant, 1785, in-32, maroq. r anc., dos
orné sans nerfs, gracieux feston entourant les plats, dor. sur les coupes, bord.
intér., tr. dor.

457 **Almanach**. Calendrier de la Cour, tiré des Éphémérides, pour l'Année 1786... A
Paris, rue Saint-Jacques, chez la Veuve Hérissant, 1786, in-32, maroq. r. anc., dos
orné sans nerfs, large motif encadrant les plats avec fleurs entrelacées au centre,
dor. sur les coupes, bord. intér., tr. dor.

458 **Almanach**. Calendrier de la Cour, tiré des Éphémérides, pour l'Année 1787 ... A
Paris, rue Saint-Jacques, chez la Veuve Hérissant, 1787, in-32, maroq. r. anc.,
dos orné sans nerfs, joli médaillon à personnages, sur chacun des plats, dans un
gracieux entourage, dor. sur les coupes, bord. intér., tr. dor.

459 **Almanach**. Calendrier de la Cour, tiré des Ephémérides pour l'année 1791... A
Paris, rue Saint-Jacques, chez la Vve Hérissant, 1791, in-32, maroq. r. anc.,
dos orné, sans nerfs, large motif encadrant les plats avec fleurs entrelacées au
centre, dor. sur les coupes, bord. intér., tr. dor.

460 **Almanach**. Étrennes Mignonnes, Curieuses et Utiles, avec plusieurs augmentations
et corrections. Pour l'année bissextile 1776. A *Paris, chez Cl.-J.-Ch. Durand*,
1776, in-32, maroq. r. anc., dos orné, sans nerfs, large dent. encadrant les plats,
dor. sur les coupes, bord. intér., tr. dor.

　　2 cartes gravées dépliantes.

461 **Almanach**. Étrennes mignonnes, curieuses et utiles, avec plusieurs augmentations
et corrections. Pour l'année 1779. A *Paris, chez Cl.-J.-Ch. Durand*, 1779; in-32,
mar. r. anc., dos orné sans nerfs, joli encadrement sur les plats, armoiries au
centre, bord. intér., tr. dor.

　　Reliure aux armes de Louis XV. 2 cartes gravées dépliantes.

462 **Almanach**. Étrennes Mignones, Curieuses et Utiles, contenant les événements les
plus remarquables et les principaux décrets de la Convention Nationale. Pour
l'année 1793, Ire de la République Française. A *Paris, chez la Vve Guillot*; in-32,
maroq. r. anc., dos orné sans nerfs, triple encadr. fil. or sur les plats, Ballon au
centre, avec l'inscription « *Bon Voyage* », tr. j.

　　2 cartes gravées dépliantes. Reliure au ballon, un peu fatiguée.

463 **Almanach**. Étrennes Universelles, utiles et agréables, contenant l'état présent du Monde et de l'Univers en général ; un mélange curieux d'Histoire et de Géographie ; un précis d'événemens et choses remarquables, etc..., pour l'année 1775. *A Falaise. par et chez Pitel-Préfontaine. A Paris, chez Langlois...* in-32, maroq. r. anc., dos orné sans nerfs, encadr. sur les plats, emblème au centre (attributs-géographiques), dor. sur les coupes, tr. dor.

  2 planches gravées dépliantes.

464 **Almanach**. Étrennes Universelles, utiles et agréables, contenant l'état présent du Monde, ou de l'Univers en général ; un mélange curieux d'Histoire et de Géographie ; un précis d'événemens et choses remarquables, etc... pour l'année bissex tile 1776. *A Falaise, par et chez Pitel-Préfontaine. A Paris chez Langlois, Cailleau* ; in-32, mar. r. anc., dos orné, sans nerfs, gracieux encadr. sur les plats, médaillon au centre, dor. sur les coupes, bord. intér., tr. dor.

  2 cartes gravées dépliantes.

465 **Almanach**. Le Trésor des Almanachs. Étrennes Nationales, curieuses, nécessaires et instructives ; pour l'Année 1786, Louis XVI régnant. *A Paris, chez Cailleau* ; in-32, maroq. r. anc., dos orné sans nerfs, large motif d'encadr. recouvr. les plats, tr. dor. Exemplaire dérelié, coins et coiffes usés.

  1 frontispice (gravure sur bois populaire) et 12 petites vignettes également sur bois, placées au-dessus des mois.

466 **Almanach des Muses**, 1765 à 1795, inclus. *Paris, chez Delalain*, 31 années, rel. en 18 vol. in-16, veau, dos ornés, sans nerfs. tr. marbr. *(Rel. anc.)* avec frontispices gravés et airs notés à q. q. vol.

467 **Amours de Leucippe** et de Clitophon (Les), traduits du grec d'Achille Tatius, avec des notes historiques et critiques. *Amsterdam, P. Humbert, 1733*; 2 parties en 1 vol. in-12, veau, dos orné, tr. rouge..... *(Rel. anc.)*

468 **Anatomie générale** des viscères et de la névrologie, angéologie et ostéologie du corps humain en Figures de couleurs et grandeurs naturelles... par M. Gautier de l'Académie des Sciences et Belles Lettres de Dijon, etc. *Paris, 1754; 1 vol.*

  Contenant 21 planches.

  Exposition anatomique de la structure du corps humain en 20 Planches imprimées avec leur couleur naturelle pour servir de supplément à celles qu'on a déjà données... par le même auteur. *Marseille, 1759;* 1 vol. Soit 2 vol., gr. in-folio cart., renfermant 41 *planches en couleurs* avec texte.

469 **Anecdotes arabes** et Musulmanes depuis l'an de J.-C 614. Époque de l'établissement du Mahométisme en Arabie, par le faux prophète Mahomet ; jusqu'à l'extinction totale du Califat en 1538 (par J.-Fr. Delacroix et Ant. Hornot). *Paris, Vincent, 1772 ;* pet. in-8 de VI et 733 pag., veau, dos orné 5 nerfs, tr. rouge. *(Rel. anc.)*

470 **Anecdotes germaniques** depuis l'an de la fondation de Rome 648 et avant l'ère chrétienne 106 jusqu'à nos jours (par Ant. Guillaume **Coutant d'Orville**, *Paris, Vincent, 1769;* pet. in-8, veau, dos orné, tr. rouge. *(Rel. anc.)*

471 **Anecdotes italiennes** depuis la destruction de l'empire Romain en Occident jusqu'à nos jours (par J.-Fr. de La Croix). *Paris, Vincent, 1769;* fort vol. pet. in-8, veau, dos orné, 5 nerfs, tr. rouge. *(Rel. anc.)*

472 **Ansart** (André Joseph, couv. de l'ordre de Malthe, etc.). Histoire de sainte Reine d'Alise et de l'Abbaye de Flavigny. *Paris, Hérissant et Barrois, 1783 ;* in-12, veau, dos orné, tr. rouge. *(Rel. anc.)*

473 **Apologie des Lettres provinciales** de Louis de Montalte (Blaise Pascal), contre la dernière réponse des P. P. Jésuites, intitulée entretiens de Cléandre et d'Eudoxie (par Dom Mathieu Petit-Didier, bénédictin de la Congrégation de Saint Vanne, mort eveque de Macra). *Rouen et à Delft* 1698; 2 vol. pet. in-12, veau fauve, dos ornés, 5 nerfs, pièces de titre maroq. rouge, tr. filets sur les plats, dent. int., tr. rouges. (*Rel. anc.*, bel exemplaire.)

474 **Apulée.** Les Métamorphoses ou l'Ane d'or d'Apulée, Philosophe Platonicien. Nouvelle édition. *Chatillon-sur-Seine*, an V (1797); 2 vol. in-8, bas. dos ornés, tr. marbr. (*Rel. anc.*)
Portrait et 17 figures non signées.

475 **Arbois de Jubainville** (H.-D.). Histoire des Ducs et des Comtes de Champagne. *Paris et Troyes*, 1859-1869, 7 vol. in-8, brochés.

476 **Architecture.** La Perspective pratique de l'Architecture, contenant par leçons une manière nouvelle, courte et aisée pour représenter en Perspective les Ordonnances d'Architecture et les Places fortifiées. Ouvrage très utile aux Peintres, architectes, ingénieurs et autres dessinateurs, par Louis Bretez. *Paris, Ch. Ant. Jombert*, 1751; in-fol. veau marbr., dos orné 6 nerfs, tr. rouge. (*Rel. anc.*)
Avec 57 planches.

477 **Arioste.** Orlando Fvrioso di M. Lodovico Ariosto, tutto ricorretto, et di nuoue Figure adornato. Con le Annotationi, gli Auuertimenti et le Dichiarationi di Ieronimo Ruscelli. La Vita dell' Autore descritta dall signor Giouanbattista Pigna. Gli Scontri di luoghi mutati dall' Autore dopo la prima impressione.... *In Venetia*, 1587; Annotationi et avvertimenti, di Girolamo Rvscelli, Sopra i lvoghi difficili et importanti del Furioso... *In Venetia, appresso Vincenzo Valgrisi* 1558 : — I Cinqve Canti di M. Lodovico Ariosto, I quali seguono la materia del Furioso.... Con gli Argomenti in Rima et discorsi di M. Luigi Grotta d'Adria. Con Alcune Brevi et Importanti Annotationi del medesimo. *Ibid.*, 1587. — Soit 3 parties en 1 vol. in-4, 588 pp., cart. vélin blanc anc., tr. j. bleues.
1 titre gravé et 52 gravures sur bois à pleine page, y compris la planche du 34e Chant qui manque très souvent dans l'édition de 1584. Bandeaux et lettres ornées. Impression italique. Q.q. légères rousseurs et mouill. — Exemplaire un peu court de marges et réparations au titre.

478 **Atlas in-fol rel. maroq. rouge ancien, tr. dor. aux armes de Louis XV**, contient 69 belles cartes en couleur (sur 72). Angleterre et France... par le Sr Sanson d'Abbev. Géogr. de Sa M. *A Paris, chez Pierre Mariette*, 1665; (les 3 cartes manq. sont les Eveschés de Meaux, Soissons et Troyes.)

479 **Atlas** nouveau Portatif, à l'usage des militaires et du voyageur, contenant 91 cartes dressées sur les nouvelles observations, etc. par G. le Rouge, ingénieur géographe du Roy. *Paris*, 1756; pet. in-4, veau, dos orné. tr. marbr. (*Rel. anc.*)
1 Frontispice gravé, 91 cartes en couleur et 40 pages de texte.

480 **Atlas** ancien (xviiie siècle) renfermant 24 cartes (Belgique et Hollande) S. l.), in-4 allongé, veau, dos orné 5 nerfs (*Rel. anc. bel exemplaire.*)

481 **Barthélemy** (J. J.). Voyage d'Anacharsis en Grèce, vers le milieu du ive siècle avant l'ère vulgaire. *Paris, Sanson*, 1827; 1 vol. in-8, veau bleu, dos plat, orné 4 nerfs, double fil. sur les plats avec fleurons aux angles, large dent. int. et sur les coupes, tr. marbr. (*Rel. de l'époque.*)
Bel exemplaire avec les planches hors texte.

482 **Baugier** (Seigneur de Breuvery, écuier. etc.). Mémoires historiques de la Province de Champagne... *Paris. André Cailleau,* 1721 : 2 vol. petit in-8, veau, dos ornés, tr. marbr.
Avec Portrait et planches.

483 **Bayle** (Pierre). Dictionnaire Historique et Critique. 5ᵉ Édit. rev., corrigée et augmentee de Remarques Critiques, avec la Vie de l'Auteur, par Des Maizeaux. *A Amsterdam par la Cie des Libraires,* 1734, 5 vol. — Nouveau Dictionnaire Historique et Critique, pour servir de Supplément ou de Continuation au Dictionnaire Historique et Critique de Pierre Bayle. Par Jaques Georges De Chauffepié. *A Amsterdam, A La Haye,* 1750-56; 4 vol. — Soit 9 vol. in-fol., veau rac. anc., dos ornés, dor. sur les coupes, bord. intér., tr. marb. et tr. dor. pour les 4 vol. de Supplém.
Très joli portrait-frontispice gravé par Petit et 9 fleurons gravés par Ian Schenk. Bel exemplaire, en bonne condition de reliure, de cette édition particulièrement estimée pour ses caractères typographiques et les remarques critiques de l'abbé L.-J. Leclerc (sur divers articles) placé à la fin de chaque volume.

484 **Bayle** (Pierre). Dictionnaire historique et critique. Nouvelle édition augmentée de notes extraites de Chauffepié, Joly, La Monnoie, Leduchat, J. Leclerc, Prosper Marchand, etc., etc. *Paris, Desoer,* 1820; 16 vol. in-8, brochés. *(Bel exemplaire.)*

485 **Beaumarchais** Œuvres complètes de Pierre-Augustin Caron de Beaumarchais, écuyer, etc. *Paris, Colin* 1809, 7 vol. in-8, veau rac., dos très ornés sans nerfs, pièces de titres mar. rouge et vert, fil. sur les coupes. tr. marb. *(Rel. anc., bel exemplaire).*
1 Portrait au trait et 3o figures également au trait très bien gravées par Gautier.

486 **Bellanger** (Stanislas, de Tours). La Touraine ancienne et moderne avec une préface de M. l'abbé Orsini, illustrée par MM. Th. Frère Brevière, Lacoste aîné, L. Noël, Mauduison, Engelmann et Graf, Ernest Meyer, Giniez, de Bar, etc., etc. *Paris, Mercier, éditeur de la Vierge,* 1845; gr. in-8, maroq. rouge, dos orné, plats encadr. de fil. or et à froid., dent. intér., double fil. sur les coupes, tr. dor. *(Rel. de l'époque).*
Nombreuses illustrations en noir et en couleurs. Le titre est imprimé en vert et rouge.

487 **Bergeron** (Dr Salivet). Manuel du Tourneur, ouvrage dans lequel on enseigne aux amateurs la manière d'exécuter sur le tour : « Pointes, « Lunettes en l'air, « Guillocher », etc. *Paris,* 1792-1796; 2 vol. in-4, d. veau bleu, dos ornés à nerfs, tr. jaunes. *(Rel. de l'époque).*
Avec 71 planches se dépliant.

488 **Bible de Vence.** Sainte Bible en latin et en Français avec des notes littéraires, critiques et historiques, des préfaces et des dissertations. Tirées du commentaire de Dom Augustin Calmet, abbé de Senones ; de l'abbé de Vence et des auteurs les plus célèbres... 4ᵉ *Edition* revue, corrigée et augmentée *Paris, Méquignon,* 1820. 25 vol. in-8º, br., n. coupés, couv. ornées.
Avec 1 atlas in-4º oblong. de 37 planches.

489 **BIBLIA SACRA. 1482.** Fontibus ex grecis hebreorum et libris Emendata satis et decorata simul. Biblia summus vespera ego testor et astra. Est impressa nec in orbe mitri similis. Singulaque loca cu excordantit extant. Orthographia simul et bene pressa manet *Per Marcum Reinhardi de Argentina ac Nicolau philippi de benssheym sotios sub anno Dei,* 1482, in-fol. 482 ff., veau anc. sur ais de bois, décoration à froid sur les plats, gardes en peau de truie, tr. j.
Belle impression gothique, texte a 2 colonnes. La reliure est frottée et un peu fatiguée. Les fermoirs manquent. Réparation au 1ᵉʳ feuillet dont il manque la partie supérieure enlevant quelques lignes de texte. Eau-forte ajoutée. Capitales rouges et bleues. Mais bel exemplaire intérieur, *rare dans sa reliure de l'époque.* sur les plats de laquelle on remarque, simultanément répétés, en encadrements a froid : *les armes de France, l'aigle a deux têtes de Charles Quint et la salamandre de François Iᵉʳ.*

490 **Bibliothèque classique latine** ou collection des Auteurs latins publiée par
N.-E. LEMAIRE. *Paris, F. Didot.* 1821, etc. 66 vol. in-8° brochés. — Martial, 3 vol.
— Ovide, 10 vol. — Pline l'ancien, 9 vol. (manq. le tome 6). — Pline le Jeune,
2 vol. — Quintilien 7 vol. — Stace, 4 vol. — Tite-Live, 13 vol. — Poetæ Latini
minores, 7 vol. — Valerius-Flacus, 2 vol. — Virgile. 9 vol.

491 **Bibliothèque latine Française** ou collection des classiques latins avec la traduc-
tion en regard. *Paris, Panckoucke,* 1825, etc. 27 vol. in-8° brochés. Cornelius
Nepos, 1 vol. — Florus, 1 vol. — Val. Flaccus, 1 vol. — Justin, 2 vol — Valère,
Maxime, 3 vol. — Quinte-Curce, 3 vol. — Quintillien, 6 vol. — Salluste, 2 vol. —
Catus-Velleius Paterculus, 1 vol. — Tacite, 7 vol.

492 **Bion, Christin et Delattre**, Députés à l'Assemblée Nationale. Inventaire des Dia-
mans de la Couronne, Perles, Pierreries, Tableaux, Pierres Gravées et autres
Monumens des Arts et des Sciences existans au Garde-Meuble : Inventaire fait
en conformité des Decrets de l'Assemblée Nationale constituante, des 26, 27 mai
et 22 juin 1791, par ses Commissaires. .; suivi d'un Rapport sur cet Inventaire,
par Delattre. *A Paris, de l'Imprimerie Nationale,* 1791, 2 parties en un vol. in-8°,
d'ensemble 572 pp., 1/2 bas., dos orné, tr. j. r.

493 **Bleterie** (l'Abbé de la). Vie de l'Empereur Julien. *A Paris, chez Desaint et Saillant,*
1746, in-12, 506 pp , veau rac. anc., dos orné, fil. sur les coupes. tr. r. (2 *cartes
dépliantes*).

494 « **Boileau** ». Œuvres diverses du Sieur D*** avec le Traité du Sublime ou du
Merveilleux dans le Discours, trad. du Grec de Longin. Nouvelle Edition revue
et augmentée. *Paris, D. Thierry* 1683, in-12, 1/2 veau vert. dos orné sans nerfs
(*Rel. mod.*)

    Avec 4 figures par Paillet, gravées par Vallet et Landry.

495 **Boileau**. Œuvres de Nicolas Boileau-Despréaux, avec des éclaircissemens historiques, données par lui-même; nouvelle Edition augm. de la vie de l'auteur par
M. Des-Maizeaux. *Dresde,* 1746. 4 tomes en 3 vol. in-8°, veau, dos ornés, tr. roug.

    Frontispice par Bernigeroth : Jolie vignette reproduite sur le titre des 4 vol. en guise de
Fleuron, dessinée par Lippert, gravée par Bernigeroth et 6 figures pour le Lutrin, dessinées
et gravées par le même.

496 **Boileau-Despréaux**. Œuvres avec des Eclaircissements historiques donnés par lui-
même et rédigés par M. Brossette, augm. de plusieurs pièces, tant de l'Auteur,
qu'ayant rapport a ses ouvrages avec des remarques et des Dissertations Critiques par M. de Saint-Marc, nouvelle Edition augmentée de plusieurs remarques
et de Pièces relatives aux Ouvrages de l'Auteur. Enrichie de Figures gravées
d'après les dessins du fameux Picart le Romain. *Amsterdam, D.-J. Changuion*
1775, 5 vol. in-12, demi-veau, dos ornés sans nerfs, tr. roug. (*Rel. anc.*)

    5 fleurons sur les titres et 9 figures de Bernard Picard de l'Edition 1722, non signées.

497 **Boileau-Despréaux**. Œuvres Complètes : contenant ses poésies, ses écrits en prose.
sa traduction de Longin, ses lettres à Racine, à Brossette et à divers autres
personnes avec les variantes, les Textes d'Horace, de Juvénal, etc., imités par
Boileau et des Notes historiques et critiques, etc. Stéréotype d'Herhan. *Paris,
Imp. de Mame frères,* 1810, 3 vol. in-8°, bas. marbr , dos ornés sans nerfs, pièces
de titre mar. rouge et vert, dent. entour. les plats, tr. marbr. (*Rel. anc.*)

    Orné de 1 portrait de Boileau dessiné et gravé par Aug. de Saint-Aubin d'après le Buste fait
par Girardon et 6 jolies figures de Moreau le Jeune gravées par d'Elvaux, Simonet et De Ghendt

498 **Botanique** (La) mise à la portée de tout le monde ou Collection des Plantes d'usage dans la Médecine, dans les Aliments et dans les Arts, avec des notices instructives puisées dans les auteurs les plus célèbres contenant la description, le climat, la culture, les propriétés et les vertus propres à chaque plante, précédé d'une introduction à la Botanique ou Dictionnaire abrégé des principaux termes employés dans cette science. Exécuté et publié par les S^{rs} et D^c Regnault avec approbation et Privilège du Roy. *Paris,* 1774. 3 vol. gr. in-fol., veau marbr., dos orné 6 nerfs, tr. marbr. (*Rel. anc.*)

    Bel exemplaire. Ouvrage contenant 3 frontispices gravés et 472 *belles planches de végétaux grandeur naturelle, finement coloriées.*

499 **Bourrienne** (Ministre d'État, secrétaire de Napoléon. etc.) Mémoires sur Napoléon, le Directoire, le Consulat, l'Empire et la Restauration. *Paris, Ladvocat,* 1829. 10 vol. in-8, d. bas. fauve, dos ornés sans nerfs, pièces de titre bleues; tr. marbr. (*Rel. de l'époque, bel exemplaire.*)

500 **Calmet.** Traité sur les apparitions des Esprits et sur les vampires ou les revenans de Hongrie, de Moravie, etc., par le R. P. Augustin Calmet, abbé de Senones, nouvelle édition, revue, corrigée et augmentée par l'auteur. *Paris, Debure,* 1751. 2 vol. in-12, veau, dos ornés, tr. roug. (*Rel. anc.*)

501 **Callot.** Caprici di varie Figure di Iacopo Callot. all. Illmo Ecc. s. Principe Don Lorenzo Medici. 1 vol. in-8, d. rel. chag. viol. tr. marbr.

    Réunion de 50 petites eaux-fortes de Callot, 1593-1635 (*réimp. anc.*) sans marges et collées.

502 **Camoens.** La Lusiade, poème héroïque sur la découverte des Indes Orientales, trad. du Portugais, par M. Duperron de Castera. *Paris, Rabuty,* 1768. 3 vol. pet. in-8, veau, dos ornés sans nerfs, tr. marbr. (*Rel. anc.*)

    Précédé d'une vie de Camoens.

503 **Caractères des Médecins** ou l'idée de ce qu'ils font communement et celle de ce qu'ils devroient être, d'après Pénélope, de feu M^r De la Mettrie par ··· Den M. (J. Phil. de Limbourg. *Paris, aux dépens de la Compagnie,* 1760, pet. in-12, veau dos orné sans nerfs, triple fil. sur les plats, tr. roug. (*Rel. anc.*)

504 **Catalogus.** Historico criticus Romanorum Editionum Saeculi XV in quo praeter Editiones a Maettario Orlandio, ac P. Laerio Relatas et hic plerumque plenius uberiusque descriptas plurimæ aliæ quæ eosdem effugerunt recensentur ac describuntur non paucae Contra ab eodem P. L. Aliisve memoratæ exploduntur; varia item ad historiam typographicam et Bibliographicam pertinentia nunc primum pertractantur. *Romæ ex typogr. paleariniano,* 1783; in-4 de xxvii-476 p., d. mar. à long grain vert, dos orné sans nerfs, n. rog.

505 **Cathala-Coture** (M. de) avocat en Parlement. Histoire politique, ecclésiastique et littéraire du Querci, continuée par M··· (Cazaméa) membre de plusieurs Académies. *Montauban,* 1785. 3 vol. in-8, brochés.

506 **Cazins.** 1° Romans et contes de M. de **Voltaire**, *Londres,* 1781. 3 vol. in-16 (*frontispice gravé par Duponchel*); 2° Jérusalem délivrée, poème du **Tasse.** *Londres,* 1780. 2 vol. (*frontispice et 2 vignettes en téte*); 3° Voyage de Chapelle et de Bachaumont S. T. 1 vol. (1 *fig. de Marillier*); 4° « **Dorat** » Les Baisers suivis du mois de Mai, *Genève,* 1777, 1 vol. coiffe sup. enlevée. *Joli frontispice* non signé. Ens. 7 vol. in-16: veau, dos ornés sans nerfs, triple, fil. sur les plats, tr. dor. (*Rel. anc.*)

— **Virgile.** Les Géorgiques avec la traduction en vers françois, par M. Delille. *Genève.* 1777, in-16, maroq. rouge, dos orné sans nerfs, triple fil. sur les plats dent. int., tr. dor. (*Rel. anc.*)

    Portrait gravé.

507 **Chapelle** et **Bachaumont**. Œuvres. *La Haye et Paris*, 1755, pet. in-12. veau. dos orné sans nerfs, tr. roug. (*Rel. anc.*)

508 **Charron** (Pierre). De la Sagesse, trois livres. *A Leide, chez Jean Elsevier* (*sans date*), pet. in-12. veau dos orné sans nerfs, triple fil. sur les plats, dent. int., tr. marb. (*Rel. anc.*)

> *Curieux frontispice gravé.* Cette édition, à laquelle la plupart des curieux donnent la préférence, est la moins commune des quatre éditions données par les Elzeviers (V. Brunet. t. I, col. 1810).

509 **Chasse** et **pêches Flamandes** (Scènes des). Album in-12 oblong, renfermant 45 petites estampes anciennes non signées, sans marges, collées et rel. en d. maroq. roug. avec pièce de titre maroq. rouge sur 1 plat. (*Rel. anc.*)

> Avec légendes en latin.

510 **Christine de Pisan**. Œuvres poétiques publiées par Maurice Roy. *Paris, F. Didot*, 1886-1896. 3 vol. in-8, pap. vergé, br.

> (De la collection des Anciens textes français.)

511 **Cicéron**. Opera Ciceronis Philosophica academicarum Questionum de Legibus officiorum, de Senectute, de Amicitia, de Somnio Scipionis, Paradoxa de Finibus Malorum et Bonorum, Tusculanarum Questionum, de Natura deorum, de Divinatione... *Lutetiæ Parisiorum, apud Iodocum Badium Ascensium*, 1521. Opera Ciceronis Epistolica... Premittuntur autem Indices, Epistolarum Ciceronis ante eius Epistolas. Vitaq. Ciceronis ex Plutarcho nuper reperta et Vita T. Pomponii Attici per Corneliu Nepote : etiam ante Epistolas eius *Venundantur cum cæteris, ab Ioanne Paruo, et Iodoco Badio*, 1522. — Soit 2 parties en un vol. in-fol. ; veau anc., dos très orné, 6 larges nerfs, motif sur les plats, tr. j. (*Reliure restaurée*).

> Le titre et le 1er feuillet de table sont manuscrits. Lég. déchirure à un feuillet, manque folio 128. Quelques mouill. et notes manuscrites dans les marges. Jolies lettres ornées. Plan dépliant.

512 **Corneille** (P.). Œuvres. *Paris, Prault*, 1758, 10 vol. pet. in-12, veau, dos ornés sans nerfs, pièces de titre mar., tr. marbr. (*Rel. anc.*)

513 **Daudet** (Alphonse). Tartarin de Tarascon, illustré par J. Girardet-Montégut. de Myrbach, Picard, Rossi. *Paris, Marpon et Flammarion* (Collection artistique Guillaume et Cie), 1887, in-12, br. couv. en couleur, *1er tirage*. — Tartarin sur les Alpes, nouveaux exploits du Héros tarasconnais, illustré par Aranda, de Beaumont, de Myrbach, Rossi. *Marpon et Flammarion*, 1886 (même collection), in-12 br., couv. en couleur.

> 1er tirage.

514 **Delavigne** (C. de l'Académie française). Messéniennes et chants populaires. *Paris, Furne et Cie*, 1840, gr. in-8 de VIII et 400 p., d. chag. poli vert, dos orné en long. double fil. sur les plats, coins, tr. marbr. (*Rel. de l'époque*).

> Nombreuses vignettes en tête et culs-de-lampe gravés sur bois (le portrait sur acier manque).

515 **Delille** (Jacq., l'un des 40 de l'Académie française, né à Clermont, en Auvergne). Les Géorgiques de Virgile, traduites avec les notes et les variantes et le texte en regard. *Paris, Bleuet*, 1807, in-4 cart. brad., papier anc. n. rog.

> Belle impression de Didot sur beau papier. Orné d'un gr. portrait de Delille, par Pujos ad Vivum, 1777.

516 **Delille** (J.). Œuvres avec les notes de MM. Parseval-Grandmaison, de Choiseul-Gouffier, Aimé-Martin, Descuret, etc. *Paris, Lefèvre*, 1834, in-8, à 2 colon., bas., dos et plats ornés, tr. marbr. (*Rel. de l'époque*). *Portrait gravé*.

517 **Dezobry** (Ch). Rome au siècle d'Auguste ou voyage d'un Gaulois à Rome à l'époque du Règne d'Auguste et pendant une partie du Règne de Tibère acc. d'une description de Rome sous Auguste et sous Tibère, 4ᵉ édition, revue et augm. *Paris. Delagrave*, 1875, 4 vol. in-8, d. rel. chag. rouge, dos ornés, plats toile, tr. j. (*avec plans et vues de Rome antique.*)

518 **Diderot.** Vie de Sénèque ou Essai sur les Règnes de Claude et de Néron, nouvelle édition enrichie de notes inédites de Naigeon. *Paris, A. Delalain*, 1820, in-12, veau fauve, dos plat et orné, 5 nerfs, pièces de titre bleues, double fil. or et large dentelle à froid encadrant les plats, tr. marbr. (*Rel. de l'époque.*)

519 **Dubos** (L'abbé). Réflexions critiques sur la Poésie et sur la Peinture. 6ᵉ édition. *Paris, Pissot*, 1755. 3 vol. pet. in-4, veau écaille, dos ornés, 5 nerfs, pièces de titre mar. vert, triple fil. encadrant les plats, double sur les coupes, dent. int. tr. marbr. (*Rel. anc.*, bel exemplaire).

  1 frontispice, 1 fleuron répété sur chaque titre et 1 vignette sur chaque volume par Eisen texte encadré.

520 **Du Cange** (Carol. Dufresne dom). Glossarium ad scriptores mediæ et infimæ latinitatis ; edit. nova locupletior et auctior, opera et studio monachorum ordinis S. Benedicti, e congregatione S. Mauri (D. D. Maur. Dantine, Carpentier, Guesnié, Nic. Toustain, Le Pelletier, Ch. Toustain et Thibaut). *Parisiis, Osmont*, 1733-1736. 6 vol. in-fol. — Glossarium novum, etc. Seu Supplementum ad auctiorem Glossarii Cangiani editionem, Collegit et digessit, D. P. Carpentier. *Parisiis*, 1766. 4 vol. in-fol. Ens. 10 vol. in-fol., veau marbr., dos ornés, 6 nerfs dent. int. et sur les coupes, tr. rouges. (*Rel. anc.*)

  Bel exemplaire avec les planches contenant des empreintes de monnaies, des frontispices de S. Leclerc, et un Glossaire du vieux langage français.

521 **Dvchesne** (André, Tourcangeau). Les Antiquitez et Recherches des villes, chasteaux et places plus remarquables de toute la France, divisées en huict Livres.... *Paris, Iean Petit-Pas*, 1609, 2 parties en 1 fort vol. pet. in-8 cart., ancien vel.

522 **Ducourneau et Monteil** (Alex.). La Province de Bourgogne, ouvrage illustré par les plus grands artistes contemporains. *Paris, Imp. Maulde et Renou* (1845), in-4 de 527 pag., d. rel. chag. vert, dos orné, tr. j.

  Frontispice, 16 pl., lithographies teintées, et 3 grandes cartes se dépliant.

523 **Du Tillet** (Iean). Sieur de la Bussiere, Protenotaire et Secrétaire du Roy, Greffier de son Parlement. Recveil des Roys de France, levrs Covronne et Maison, Ensemble, le rengs des grands de France. Plvs, vne Chronique abbregée contenant tout ce qui est aduenu, tant en fait de Guerre, qu'autrement, entre les Roys et Princes, Republiques et Potentats estrangers : Par I. du Tillet, Evesque de Meaux, freres. *A Paris, chez Iaques du Puys*, 1580, in-fol., d'environ 700 p., veau rac anc., dos orné à froid, renf., fleuron sur les plats, tr. j. (Lég. mouill. et trous de vers aux derniers ff.).

524 **Édition Plantin.** Concordantiæ Bibliorvm vtrivsque Testamenti, Veteris et Novi, Perfectæ et Integræ; quas re vera Maiores appellare possis... *Antverpiæ, Ex officina Christophori Plantini*, 1581, in-4, cart. vélin blanc anc., dos orné sans nerfs, tr. j. (Quelques piqûres de vers en marge de 100 ff.).

525 **Enchiridivm psalmorvm.** Eorundem ex veritate Hebraica versionem etc. *Seb. Gryphivs excvdebat Lvgdvni, anno* 1540, in-32 à 2 colon. non chiff. (*Rel. anc. fatiguee.*)

526 **Érasme.** L'Éloge de la Folie, traduit du latin par M. Gueudeville : nouvelle édition, revue et corrigée sur le texte de l'Edition de Basle, ornée de nouvelles figures, avec des notes, par Meunier de Querlon, *S. L. Paris*, 1757, in-12, veau, dos orné, 4 fil. sur les plats, tr. marbr. (*Rel. anc.*)
  1 frontispice, 1 fleuron sur le titre, 13 estampes, 1 vignette et 1 cul-de-lampe, par Eisen, gravés par Aliamet, De La Fosse, Le Mire, etc.

527 **Érasme de Rotterdam.** L'Éloge de la Folie, composé en forme de Déclamation. Avec quelques Notes de Listrius, et les belles figures de Holbenius : le tout sur l'Original de l'Académie de Bâle. Pièce qui, représentant au naturel l'Homme tout défiguré par la Sotise, lui aprend agreablement à rentrer dans le bon Sens et dans la Raison. Traduite nouvellement en François par Gueudeville. *A Leide, chez Pierre Vander Aa*, 1715, in-12, veau rac. anc., dos orné, tr. j. (Exemplaire fatigué.)
  1 portrait-frontispice par Bleiswyck, 1 frontispice, 6 planches gravées dépliantes et nombreuses figures dans le texte, non signées.

528 **Esope** en belle humeur ou Fables d'Esope en vaudevilles avec gravures, par Augustin Legrand. *Paris, Batilliot frères, S. D.* (vers 1801), in-32, veau, dos orné, sans nerfs, 3 fil. sur les plats, tr. dor. (*Rel. de l'époque*, pet. éraflure).
  Frontispice et 61 figures. Poésies manuscrites sur 2 gardes.

529 **Estienne** (Charles). L'Agricvltvre et Maison Rvstiqve. En laquelle est contenu tout ce qui peut estre requis, pour bastir maison champestre, nourrir et medeciner bestiail et volaille de toutes sortes, dresser iardins, tant potagers que parterres, gouuerner mousches à miel, planter et enter toute sorte d'arbres fruictiers, entretenir les prez, viuiers et estangs, labourer les terres à grains, façonner les vignes, planter bois de haute fustaye et taillis, bastir la Garenne, la Haironnière, et le parc pour les bestes sauuages. Plus un bref recueil de la Chasse, et de la Fauconnerie. *A Paris, par Iaques du Puis*, 1564, in-4, 155 ff., veau anc., dos 5 nerfs, fleurons sur les plats, tr. dor. (Rel. fatiguée.) 1re *édition.* Exemplaire, réglé. Quelques mouillures.

530 **État de la France** (L.), contenant les Princes, Ducs, Pairs, maréchaux de France et grands officiers de la Couronne, etc., etc. *Paris, au Palais, chez Henry Charpentier*, 1718; 3 forts vol. in-12, veau, dos ornés 5 nerfs, pièces de titre mar. rouge, tr. marbr. (*Rel. anc.*).
  Avec figures et armoiries dans le texte.

531 **Feller.** Biographie universelle des Hommes qui se sont fait un nom par leur Génie, leurs talents, leurs vertus, leurs erreurs ou leurs crimes. Revue, classée par ordre chronologique, continuée jusqu'en 1845 par l'abbé F. Simonin. *Nevers, imp. de l'évêché*, 1845 ; 4 vol., gr. in-8, à 2 colon., d. bas verte, dos orné en long, tr. grises. (*Rel. de l'époque*.)

532 **Fénelon.** Les Aventures de Télémaque, fils d'Ulysse. *Paris, Les frères Estienne*, 1768; 2 vol. in-12, veau, dos ornés sans nerfs, tr. marbr. (*Rel. anc.*).
  Frontispice et carte dépliante.

533 **Fleurs animées** (Les). Par J.-J. Grandville, introduction par Alph. Karr, texte par Taxile Delord. *Paris, Gabriel de Gonet, S. D.* (1847) ; 2 vol. gr. in-8, d. rel. chag. rouge à nerfs, tr. dor.
  Illustrés de 54 belles planches, dont 52 *finement coloriées.*

534 [**Fleury** (Jacques), avocat]. Les Folies ou poésies diverses de M. Fl*** Divisées en 3 Parties, contenant ses Fables, ses Œuvres-Mêlées et ses Chansons. *A Avignon et se trouvent à Paris, chez Duchesne*, 1761, in-12. veau rac. anc., dos orné, t. r.
  Édition originale.

535 **Flore Médicale**, décrite par MM. Chaumeton, Poiret, Chamberet, peinte par Mme E.-P. (Panckoucke) et par J. Turpin. *Paris, Imp. Panckoucke*, 1828-1841 ; nouvelle publication rel. en 5 forts vol. in-4, d. maroq. rouge à long grain, dos ornés sans nerfs, tr. marbr. (*Rel. de l'époque*).

> Collection complète avec 421 *planches finement coloriées*, le dernier vol. comprend l'Iconographie végétale ou organique des végétaux, illustrée au moyen de figures analytiques par P. J. F. Turpin, avec un texte explicatif raisonné par M. A. Richard.

536 **Forcellini.** Totius Latinitatis Lexicon Consilio et Cura Jacobi Facciolati opera et studio Ægidii Forcellini seminarii Patavini Alumni lucubratum in hac tertia editione auctum et emendatum a Josepho Furlanetto Alumno Ejusdem seminarii. *Patavii, Typis seminarii*, 1827-31 ; 4 forts vol. in-4. — Appendix Lexici Totius Latinitatis ab Ægidio Forcellino elucubrati et in Tertia Editione Patavina ab Josepho Furlanetto aucti et emendati. *Patavii, ex officina Sociorum Titulo Minerva*, 1841 ; in-4, 211 pp. — Soit 5 vol. dont les 4 premiers Bradel, demi-vélin blanc, coins non rog. Le 5e vol. broché.

537 **François de Sales** (Saint). Traicté de l'amovr de Dieu du Bien-heureux François de Sales Evesque et Prince de Genève, etc. *Paris, Sébastien Hvré*. 1630 ; pet. in-12, cart. vélin (*Rel. anc.*).

> Portrait gravé sur le titre. (Traité qui est regardé comme le chef-d'œuvre de l'auteur.)

538 **Gage** (Th.). Nouvelle relation contenant les voyages dans la Nouvelle Espagne, ses diverses aventures et son retour par la Province de Nicaragua jusqu'à la Havane avec la description de la ville de Mexique, telle qu'elle étoit autrefois et comme elle est à présent ensemble une description exacte des terres que possèdent les Espagnols en toute l'Amérique, etc... avec figures.... 4e Édition revue et corrigée. *Amsterdam, Paul Marret*, 1720, 2 vol. in-12, veau, dos ornés 5 nerfs, tr. marbr. (*Rel. anc.*).

> 2 frontispices et 15 planches dépliantes, par Aveline.

539 **Gomberville** (Marin Le Roy de). La Doctrine des Mœurs, tirée de la Philosophie des Stoïques : représentée en cent tableaux pour l'instruction de la jeunesse. *Paris, P. Daret, graveur*, 1646 ; gr. in-4, d. rel. bas.

> Nombreuses figures gravées par Pierre Daret (quelques rousseurs et déchirures).

540 **Genlis** (Comtesse de) Les veillées du chateau ou cours de morale à l'usage des enfans. *Paris, Lecointe et Durey*, 1824 ; 4 vol. in-12, veau marbr., dos et plats avec ornements dor. et à froid, tr. dor. (*Jolie Rel. de Bibolet*).

> Ornés de gravures.

541 **Graffigny** (Mme de). Letres d'une Péruvienne, traduites du français en italien par Deodati. Édition ornée du portrait de l'auteur, gravé par Gaucher, et de 6 gravures exécutées par les meilleurs artistes, d'après les dessins de Le Barbier l'ainé. *A Paris, chez l'Éditeur de l'Imp. de Migneret*, 1797, gr. in-8, veau granité, dos orné sans nerfs, fers spéc., gracieux encadr. sur les plats, dor. sur les coupes, bord. intér., tr. dor.

> Joli portrait de l'auteur d'après La Tour, gravé par Gaucher, et 6 belles figures par Le Barbier, avant la lettre, gravées par Choffard, Halbon, Patas, Gaucher et Lingée. Bel exemplaire.

542 **Grimm** et **Diderot.** Correspondance littéraire, philosophique et critique adressée à un souverain d'Allemagne depuis 1753 jusqu'en 1790 par le baron de Grimm et par Diderot. *Paris, Longchamps et Buisson*, 1812. 16 vol. in-8 veau marbr., dos ornés sans nerfs, tr. jaunes. (*Rel anc., bel exemplaire.*)

543 [**Grosley** (P.-J.)]. Londres. A *Lausanne* [*Paris*], 1770. 3 vol. in-12, veau rac. anc., dos très ornés sans nerfs, pièces titre et tomaison couleur, triple fil. encadr. sur les plats, dor. sur les coupes, bord. intér., tr. dor. (Quelques coins usagés. Mouillures au tome II).

544 **Guide pittoresque du Voyageur en France**, représentant les principales villes, les ports de mer, les châteaux pittoresques. Édifices, monuments, sites remarquables, etc. *Paris, Didot-Hachette*, 1834-1837. 5 forts vol. in-8 à 2 colon., d. veau vert, dos plat ornés. (*Rel. de l'époque.*)
Orné d'une multitude de gravures sur acier et de cartes dépliantes.

545 « **Heulland** » (d'), géographe. Théâtre de la Guerre dernière en Allemagne, contenant la description géographique des pays où elle s'est faite avec un journal historique des opérations militaires des Puissances belligérantes. *Paris, Langlois*, 1763. 6 vol. in-12, veau, dos ornés, sans nerfs, tr. roug. (*Rel. anc.*)
Avec de nombreuses cartes et plans se dépliant.

546 **Homeri Odyssea**... partim. ab. Henr. Stephano adjecti sunt etiam Homerici centones. *Amstelodamo* 1648, fort vol., in-12 vélin à recouvrement. (*Rel. anc.*)
Grec-latin.

547 **Huet** (Émile). Promenades pittoresques dans le Loiret : châteaux, monuments, paysages, dessins de Paul Pigelet. *Gien et Orléans*, 1887. 1 vol. in-4 comprenant environ 400 pages, 300 gravures et 20 eaux-fortes hors texte en carton.

548 **Hugo** (Victor). Notre-Dame de Paris. Édition illustrée d'après les dessins de MM. E. de Beaumont, L. Boulanger, Daubigny, T. Johannot, Lemud, Meissonier, Roqueplan, de Rudder, Steinheil, gravés par les artistes les plus distingués. *Paris, Perrotin, Garnier frères*, 1844. Gr. in-8 d. rel. chag. bleu, coins tr. j. (Un peu fatigué, mouillures).
Nombreuses vignettes et 55 gravures sur bois et sur acier hors texte.

549 **Joachim**. Vaticinia sive prophetiæ abbatis Joachimi et Anselmi episcopi Marsuani, cum praefatione et adnotationibus Paschalini Regiselmi (latin et italien). *Venetiis apud H. Parrum*, 1589, petit in-4, fig., rel. souple, vélin anc.
Frontispice et 34 figures. Bonne édition recherchée pour ses gravures.

550 **Joinville** (Jean Sire de). Histoire de Saint Louis. Credo et Lettre à Louis X. Texte original accompagné d'une traduction par M. Natalis de Wailly. *Paris, Firmin Didot*, 1874. Gr. in-8, d. rel. mar. rouge, coins fil., dos orné, tête dor., n. rog.
Avec cartes et planches.

551 **Journées mogoles**. Opuscule décent d'un docteur chinois. *Imprimée à Dely et se trouve à Paris chez Costard*, 1772, 2 parties en 1 vol-12, d. bas. anc. tr. roug.
L'auteur termine ainsi sa préface : « Jeunes filles, ce livre n'est pas fait pour vous ». On attribue ces contes à un savant économiste, trésorier de France, Butel-Dumont.

552 **Keepsake**. Choix de Lectures pour les Dames ou Morceaux choisis des meilleurs écrivains des deux siècles derniers. *Paris, Le Fuel* (1835). Pet. in-12 maroq. à long grain bleu, dos et plats ornés, dent. int., tr. dor. (*Rel. de l'époque.*)
Illustré de gravures acier, inscription à l'encre sur 2 gardes.

553 **La Bretonnerie** (M. de). L'École du Jardin fruitier qui comprend l'origine des Arbres fruitiers, les terres qui leur conviennent, etc., etc. *Paris, Onfroy*, 1784. 2 forts vol. in-12, d.-veau marbr., dos ornés, tr. jaunes. (*Rel. anc., bel ex.*)

554 « **Lacombe** » (Fr.). Dictionnaire de la Langue romane ou du vieux Langage françois. *Paris, Saillant, etc.*, 1768, in-8, veau, dos orné 5 nerfs, tr. filets encadrant les plats, tr. marbr. (*Rel. anc., bel exempl.*)

555 **Lacroix** (S. F.). Traité du calcul différentiel et du calcul intégral. 2e édition revue et augmentée. *Paris, Courcier*, 1810-1819, 3 forts vol. in-4 brochés.
Ouvrage remarquable dans lequel l'auteur a réuni tout ce qui avait été écrit de plus profond sur cette matière.

556 **Lacroix** (Paul). Les Arts au Moyen Age et à l'époque de la Renaissance. *Paris,*
F. Didot, 1869. In-4. d. chag. rouge, dos et plats ornés, fers sp., tr. dor. (*Rel. de*
l'Éditeur.)

    Illustré de 19 planches en couleurs et de 400 gravures sur bois.

557 **Lagny** (le P. Pavl de). La Vie de la Seraphiqve Espovse de Iesvs-Christ, Marie-
Lorence Le Long, Napolitaine, Première Fondatrice des Religieuses Capucines;
laquelle peut seruir de modele de perfection dans tous les estats, de Fille, de
Femme mariée, de Veufve. et de Religieuse : selon le témoignage de tous les
Escrivains tant Latins, qu'Italiens, qui l'ont donnée au Public. *A Paris, chez*
Iean Covterot, 1667, in-8, maroq. r. anc., dos orné, plats décorés à la Duseuil,
avec fleur de lys aux angles, dor. sur les coupes, bord. intér., tr. dor. (*Rel. fati-*
guée.)

    Gravure frontispice émargée et placée au dos du titre.

558 **Lamartine** (M. de). Jocelyn. Épisode. Journal trouvé chez un curé de village. *Paris,*
Pagnerre, Hachette, Furne, 1861. Pet. in-12, chag. rouge, dos et plats ornés
encadrement filets à la Duseuil, fleurons aux angles, large dent. int., tête dor.,
n. rog.

    Un des exemplaires sur pap. de Chine (n° 59).

559 **La Motte** (M. de), de l'Académie Française. Fables nouvelles avec un discours sur
la Fable. *Paris, G. Dupuis,* 1719, in-12, veau, dos orné 5 nerfs, tr. roug.

560 **Lasserre** (Henri). Notre-Dame de Lourdes. Édition illustrée d'Encadrements variés
à chaque page et de chromolithographies. Scènes, portraits, vues à vol d'oiseau,
cartes et paysages. *Paris, Palmé,* 1885, pet. in-4, d. rel. chag. rouge, dos orné
5 nerfs, coins filets, tête dor., n. rog.

561 **Le Beuf** (Jean). Histoire de la Prise d'Auxerre par les Huguenots et de la déli-
vrance de la même ville, les années 1567 et 1568 avec un récit de ce qui a précédé et de ce qui a suivi ces deux fameux evenemens et des ravages commis à La
Charité, Gien, Cône, Donzi, Entrains, Crevan, Iranci, Colanges-les-Vineuses,
etc., etc., par un Chanoine de la cathédrale d'Auxerre. *Auxerre J.-B. Troche,* 1723;
petit in-8 de 384 p. dont 8 non chiff.. rel. anc. bas.

    2 figures collées sur 2 gardes.

562 **Le Bret**. Recveil d'avcvns plaidoyez faicts en la Cour des Aides, par M. C. Le Bret,
Conseiller du Roy, et son Avocat géneral en icelle... et les Arréts intervenus sur
iceux. *Paris. Mettayer et P. L'huillier,* 1597; petit in-8, cart., vél. ancien
souple.

563 **Lebrun** (Ponce Denis Ecouchard de l'Institut). Œuvres mises en ordre et publiées
par P. L. Ginguené et préc. d'une notice sur sa vie et ses ouvrages. *Paris,*
Warée, 1811 ; 4 vol. in-8. veau écaille, dos ornés sans nerfs, pièces de titre mar.
rouge et vert, dent. entour. les plats, tr. marbr. (*Rel. anc., bel exemplaire.*)

564 **Leçons de Flore**. Cours complet de Botanique, explication de tous les systèmes,
introduction à l'Étude des Plantes par J. L. M. Poiret, continuateur du Dictionnaire de Botanique, de l'Encyclopédie méthodique, suivi d'une iconographie végé-
tale avec planches. *Paris, Panckoucke,* 1819-1820 ; 3 tomes en 2 vol. in-4, d. mar.
à long grain vert. non rog. (*Rel. de l'époque*).

    Avec 66 planches coloriées. offrant plus de 1000 objets par P. J. F. Turpin.

565 **Legrand d'Aussy**. Fabliaux ou Contes du XIIe et du XIIIe siècle, traduits ou extraits
d'après divers manuscrits du tems ; avec des notes historiques et critiques et des
imitations qui ont été faites de ces Contes depuis leur origine jusqu'à nos jours.
Paris. E. Onfroy, 1779; 3 vol. in-8, veau vert. dos ornés, sans nerfs, pièces de
titres mar. rouge. tr. j. (*Rel. anc.*)

566 **Le Moyne** (Père). La Gallerie des Femmes fortes, 4ᵉ édition, reveue et corrigée. *Paris, Cie des Libraires du Palais*, 1663; in-12, veau, dos orné. tr. marbr. (*Rel. anc.*)

Frontispice et 18 portraits hors texte (déchirure enlevant la dernière page de la table).

567 **Lenclos**. Mémoires et Lettres pour servir à l'Histoire de la vie de Mademoiselle de Lenclos (Par Douxménil). *A Rotterdam*, 1751, in-12, veau rac. anc., dos orné, fil. sur les coupes, tr. r. (coins usés, lég. déchirure à 1 feuillet intér.).

Reliure aux armes de Diane Adélaïde de Mailly, Duchesse de Brancas de Lauragais.

568 **Lenormant** (François, prof. d'archéologie). Histoire ancienne de l'Orient jusqu'aux guerres Médiques. 9ᵉ édition, revue, corrigée, considérablement augmentée et illustrée de nombreuses figures d'après les monuments antiques. *Paris, A. Lévy*, 1881-1888; 6 vol. gr. in-8, dont 3 vol. rel. de l'éditeur, toile rouge, fers sp., tr. dor. et 3 brochés.

569 « **L'Épée** » (L'abbé de, instituteur des sourds et muets de Paris). La véritable manière d'instruire les sourds et muets confirmée par une longue expérience. *Paris, Nyon*, 1784; 3 parties en 1 vol. in-12, veau marbr., dos orné sans nerfs, pièce de titre mar. rouge, tr. marbr. (*Rel. anc.*)

570 **Le Prince de Beaumont** (Mme). Mémoire de Madame la Baronne de Batteville ou la veuve parfaite. *Lyon, P. Bruyset Ponthus*, 1766; pet. in-12, veau, dos orné sans nerfs, tr. marbr. (*Rel. anc.*, petite éraflure.)

571 **Le Sage**. Œuvres choisies avec une notice sur l'auteur (par Mayer). *Amsterdam (Paris)*, 1783; 15 vol. in-8, veau marbr., dos ornés sans nerfs. triple filet sur les plats, tr. bleues, pièces de titre mar. rouge et vert, dent. int. (*Rel. anc.*).

Bel exemplaire. Portrait par Guélard et 32 figures par Marillier, gravées par Borgnet, Dambrun, De Launay, Delignon, Delvaux, Duclos, Halbou, Langlois, Lebeau, de Longueil, Macret. Patas, Pauquet et Mme Ponce. *Le Théâtre de la Foire se trouve dans les 4 derniers vol.*

572 **Lettre** de M. l'archevêque de Lyon, primat de France, à M. l'Archevêque de Paris au sujet des Hospitalières du faubourg Saint-Marcel de Paris. *Lyon, Valfray*, 1760; in-4., 172 p., veau marbr., dos orné, 5 nerfs, tr. rouge (*Rel. anc.*). On ajoute 2 brochures in-4. « Arrest du Conseil d'Estat du Roy sur la Métropole de Rouen ». *Rouen, Viret*, 1702.

573 **Linné** (Célèbre naturaliste Suédois). Caroli Linnæi systema, genera, species plantarum uno volumine Editio critica, adstricta, conferta sive Codex Botanicus Linnaeanus ..... cum Plena editionum discrepantia exhibens in usum Botanicorum practicum edidit brevique adnotatione explicavit Herrmannus Eb. Richter. *Lipsiae* 1840. 2 parties en 1 fort vol. de XXXII et 1304 pag. à 2 et 3 colon., d. rel. veau vert, dos orné sans nerfs, n. rog.

574 **Livre du Centenaire du Journal des Débats** (Le), 1789-1889. *Paris, Plon* 1889. in-4° br. (avec Portraits et fac-similés).

Ouvrage dû à la collaboration des célébrités contemporaines.

575 **Lucien**. De la Traduction de M. Perrot Sʳ d'Ablancourt divisé en deux parties, seconde Edition reveue et corrigée. *Paris, Aug. Courbe* 1655. 2 vol. petit in-4°, veau, dos ornés, 5 nerfs tr. marbr. (*Rel. anc.*).

Frontispice gravé et vignettes sur les titres.

576 **Mabillon**. De Re diplomatica. Libri VI in quibus quidquid ad veterum instrumentorum antiquitatem, materiam, scripturam et stilum quidquid ad Sigilla, monogrammata, Subscriptiones ac notas chronologicas ; quidquid inde ad antiquariam historicam forensemque disciplinam pertinet, explicatur et illustratur accedunt commentaris, etc.... Opera et Studio Domini Johannis Mabillon. Presbyteri ac Monachi Ordinis S. Benedicti e Congregatione S. Mauri.... *Neapoli ex Typographia Vine Ursini*, 1789. 2 vol. in-fol. brochés, fig.

Belle édition ornée de nombreuses vignettes et fac-similés.

577 **Maison rustique.** (La nouvelle) ou économie générale de tous les biens de Campagne, par le S' Liger. 7ᵉ Edition augm. avec la vertu des simples, l'apothicairerie, etc., et enrichie de Figures en taille-douce. *Paris, Saugrain*, 1755. 2 vol. in-4°, veau, dos ornés, tr. roug. (*Rel. anc.* un peu usagée.)

578 **Mantuanus.** F. Baptiste Mantuani Bucolica seu Adolescentia in dece æglogas diuisa. Ab Iodoco Badio Ascensio familiariter exposita. *Venundatur Parrhisiis in vico sancti Iacobi sub Leone Argenteo*, 1508, in-8°, 84 ff. y compris le titre, 1/2 chag. brun, dos orné, tr. r. (*Rel. moderne.*)
Réparation au titre, mais bon état intérieur.

579 **Marmontel.** Les Incas ou la destruction de l'Empire du Pérou par M. Marmontel, historiographe de France, l'un des quarante de l'Académie française. *Liège, Bassompierre*, 1777. 2 tomes en 1 vol. in-8°, veau, dos orné, tr. roug. (*Rel. anc.*)
1 frontispice et 10 figures par Moreau.

580 **Marot.** Œuvres de CLÉMENT MAROT, valet de chambre de François Iᵉʳ, Roy de France. Revues sur plusieurs Manuscrits et sur plus de quarante Editions; et augmentées tant de diverses Poésies véritables que de celles qu'on lui a faussement attribuées avec les Ouvrages de JEAN MAROT, son père, ceux de MICHEL MAROT, son fils, et les Pièces du Différent de Clément avec François Sagon accomp. d'une Préface Historique et d'observations critiques. *La Haye, chez P. Gosse et J. Neaulme*, 1731, 6 vol. pet. in-12, veau, dos orné, 5 nerfs, tr. roug. (*Rel. anc.*)

581 **Maupeouana**, ou Recueil Complet des écrits patriotiques publiés pendant le Règne du Chancelier Maupeou, pour démontrer l'absurdité du Despotisme qu'il vouloit établir et pour maintenir dans toute sa splendeur la Monarchie Française, ouvrage qui peut servir à l'Histoire du siècle de Louis XV, pendant les années 1770, 1771, 1772, 1773 et 1774. *A Paris, avec l'approbation unanime des bons et fidèles sujets de S. M. Louis XVI*, 1775. 5 vol. in-8, veau marbr., dos ornés sans nerfs, tr. rouge et vert. (*Rel. anc.*)

582 **Mercier** (L.-Séb.). L'An deux mille quatre cent quarante. Rêve s'il en fut jamais; suivi de l'homme de fer, songe. Nouvelle édition avec figures *S. L.*, 1786. 3 vol. in-8, d. bas., dos ornés. (*Rel. anc.*)
3 figures de Marillier (non signées).

583 **Michelet** (J.). L'Oiseau, 8ᵉ édition. *Paris, Hachette*, 1867, gr. in-8, d. rel. chag. vert, dos orné pl. toile, tr. dor.
Illustrée de 210 vignettes sur bois dessinées par H. Giacomelli, titre rouge et noir, texte encadré.

584 **Millin** (Aubin-Louis). Voyage dans les Départements du Midi de la France. *A Paris, de l'Imprimerie Impériale*, 1807-11. — Atlas pour servir au Voyage dans les Départements du Midi de la France, par Aubin-Louis Millin. *Ibid.*, 1807. Soit 4 vol. in-8 et 1 vol. in-4, 1/2 bas. v., dos ornés sans nerfs, tranches jaunes. (*Rel. de l'époque.*)
1 portrait frontispice ajouté et une lettre autographe de l'auteur en date du 8 août 1805, à M. Tarbé, imprimeur-libraire à Sens. L'atlas est bien complet de ses 83 planches, cartes et plans, parmi lesquels quelques planches de costumes coloriées. A noter, à la fin du tome III : 1° Lettre à M'''', par A. L. Millin. Contenant quelques additions à son voyage de Paris à Lyon, *Paris, Sajou*. 1811. 43 p.; 2° **Lettre** de M. Millin à Boulard, contenant quelques détails de son voyage de Lyon à Chambéry. *Ibid.*, Id., 44 pp.

585 **Miroir des Passions** ou La Bruyère des Dames, orné de douze têtes d'expression en couleur à la manière d'Isabey. *Paris, chez François Janet, S. D.*, in-16, maroq. vert à long grain, dos orné sans nerfs, dent. entourant les plats, tr. dor. (*Rel. de l'époque.*)
Vignette en couleur sur le titre gravé et 12 jolies figures finement coloriées.

586 **Missale** Metropolitanæ ac Primatialis Ecclesiæ Senonensis. auctoritate Eminentissimi ac Reverendissimi in Christo Patris D.D. Pauli d'Albert de Luynes.... *Senonis, apud Viduam et Filium Petri Harduini Tarbé*, 1785, in-fol. maroq. r. à long grain, dos long orné sans nerfs, large dentelle or et à froid entourant les plats, motif au centre, fil. sur les coupes, bord. intér., tr. dor., signets de soie.
  Frontispice gravé. Reliure fin xviiiᵉ siècle en assez bon état de conservation. (Quelques éraflures.)

587 **Monceaux** (Henri). La Révolution dans le Département de l'Yonne, 1788-1800. Essai bibliographique. Documents sur la Révolution française. *Paris, Alphonse Picard*, 1890, *gr. in-8, br.*
  Illustré de 230 vignettes gravées sur bois et tirées la plupart sur les originaux. Envoi.

588 **Monge** (Gaspard) de l'Institut national. Géométrie descriptive. Leçons données aux écoles normales l'an III de la République. *Paris, Baudouin*, an VII (1799) in-4, broché (*avec 25 planches.*)
  Sec. édit. La première édition a été imprimée dans le *Journal des séances de l'Ecole normale*, an III.

589 — Célèbre mathématicien créateur de la Géométrie descriptive, etc. Géométrie descriptive. 5ᵉ édition augmentée d'une théorie des ombres et de la Perspective. extr. des papiers de l'auteur, par M. Brisson. *Paris, Bachelier*, 1827, in-4, d. veau fauve, dos orné, tr. marbr. (*Rel de l'époque.*)
  Avec 28 planches dépliantes.

590 **Monro** (G.). (Prof. d'Anatomie de la Société royale d'Edimbourg). Traité d'Ostéologie trad. de l'Anglois par M. Sue, Prof. et démonstrateur d'Anatomie aux Ecoles royales de Chirurgie, etc. *Paris, G. Cavelier*, 1759, 2 vol. gr. in-fol. d. rel. anc., veau avec 31 planches doubles où sont représentés au naturel tous les os de l'Adulte et du Fœtus avec leurs explications.
  Exemplaire sur papier vélin, orné de frontispices, vignettes, en-têtes, lettres ornées.

591 **Montaigne** (Michel de). Essais. Nouvelle édition. *Paris, Lefèvre*, 1818. 6 vol. pet. in-12, veau vert, 5 nerfs, pièces de titre maroq. marron., dent. int. et sur les coupes, tr. dor. (*Jolie rel. de l'époque avec ornements dor. et à froid.*)

592 **Monteil** (A. Alexis). Histoire des Français des divers Etats aux cinq derniers siècles. *Paris, Coquebert*, 1840-1844. 10 vol. in-8 d. chag. bleu, tr. grises, dos ornés (*Rel. de l'époque.*)

593 **Montesquieu.** Œuvres. Nouvelle édition, revue corrigée et considérablement augmentée par l'auteur avec des Remarques philosophiques et politiques d'un anonyme (Elie Luzac) qui n'ont point encore été publiées. *Amsterdam et Leipsick, Arkstée et Merkus*, 1765. 6 vol. in-12 veau, dos ornés 5 nerfs, pièces de titre couleur, dor. sur les coupes, tr. roug. (*Rel. anc.*)

594 **Montesquieu.** Œuvres de M. de Montesquieu. Nouvelle édition, revue et augmentée de plusieurs pièces qui n'avaient pas paru jusqu'à présent. *Amsterdam*, 1790, 7 vol. in-12, d. bas. marr., dos ornés tr. marbr. (*Rel. anc.*)

595 **Montfaucon** (A. R. P. D. Bernardo de). Diarum italicum sive monumentorum veterum Musæorum, etc., notitiæ singulares in Itineraris Italico Collectæ Additis schematibus ac figuris. *Parisiis, J. Anisson*, 1702, in-4, veau, dos et pl. ornés, tr. marbr. (*Rel. anc.*), plats recouv. d'ornements à froid, 1 charnière un peu cassée.
  Avec figures. C'est une notice de tout ce que l'auteur avait remarqué de plus curieux dans les bibliothèques de l'Italie. L'ouvrage eut beaucoup de succes.

596 **Moreri** (Louis). Le Grand Dictionnaire Historique ou le Mélange Curieux de l'Histoire Sacrée et Profane, qui contient en Abrégé l'Histoire Fabuleuse des Dieux et des Héros de l'Antiquité Payenne : les Vies et les Actions Remarquables des Patriarches, des Juges, des Rois, des Juifs. des Papes, des Saints Martyrs et Confesseurs, des Pères de l'Eglise et des Docteurs Orthodoxes, etc.... *A Paris. chez Denys Mariette*, 1712, 5 vol. Supplement au Grand Dictionnaire Historique, Généalogique, Géographique, etc... de Louis Moreri, pour servir à la dernière Edition de l'an 1732 et aux précédentes. *A Paris, chez Lemercier*, 1735. 2 vol. Soit 7 vol. in-fol., veau rac. anc., dos ornés, tr. j. r. et tr. marb.

Frontispice gravé par Thomassin. d'après Desmarets. Fortes mouillures et piqûres de vers à plusieurs tomes. Reliure fatiguée.

597 **Mouffle d'Angerville.** Vie privée de Louis XV ou principaux évènemens, particularités et anecdotes de son règne. *Londres, John-Peter Lyton*, 1784. 4 vol. in-12 bas., dos ornés, tr. rouge. (*Rel. anc.*), orné de portraits.

598 **Musée de Versailles** avec un texte historique par M. Th. Burette. *Paris, Furne*, 1844. 3 vol. in-4 d. chag. n., coins, fil. sur les plats, tr. j. (*Rel. de l'époque.*)

200 belles gravures sur acier. Le tome III contient la Galerie des Maréchaux.

599 **Nollet** (L'abbé de l'Académie royale des Sciences, etc.). Leçons de Physique expérimentale. *Paris, Durand*, 1767. 6 vol. in-12 veau, dos ornés, 5 nerfs. tr. marbr. (*Rel. anc.*)

Avec de nombreuses planches se dépliant.

600 **Novum Testamentum**, texte grec : *Lutetiæ, Ex off. Rob. Stephani*, 1568. 2 vol. in-32 veau, dos ornés, pièces de titre, mar. rouge et vert, tr. marbr. (*Rel. anc.*)

Aux armes de Mgr Nicolas de La Porte de Livry.

601 **Origine** (De l') **des Loix.** des Arts, et des Sciences et de leur progrès chez les anciens peuples (par A. J. Goquet et A. C. Fugère). *Paris, Desaint et Saillant*, 1758. 3 vol. in-4 veau marbré, dos ornés, 5 nerfs, pièces de titre mar. rouge, tr. rouge (*Rel. anc.*)

602 **Orléanais** (L.). Histoire des Ducs et du Duché d'Orléans comprenant l'histoire et la description de la Beauce, du Pays Chartrain, du Blésois, du Vendomois, du Gatinais, du Perche et de ce qui constituait l'ancienne généralité d'Orléans, par Philipon de la Madelaine. *Paris, Mallet et Cie*, 1845, gr. in-8 de XL et 475 p., d. chag. bleu, dos orné, pl. toile, tr. dor.

Illustrée de nombreuses gravures par MM. Baron. Français, C. Nanteuil et Rouargue.

603 **Ortelius** (Abr.). Theatrum orbis terrarum, S. l. (*Antuerpiæ*, 1579?), in-fol.. veau rac. anc., dos orné, motif sur les plats, tr. dor. (le frontispice colorié est détaché).

93 cartes gravées.

604 **Palissot** (Sur la comédie des Philosophes). 1° Préface de la comédie des Philosophes. *Paris, chez l'auteur*, 1760 ; 2° Les Philosophes. comédie en 3 actes en vers représentée pour la première fois par les Comédiens français ord. du Roi, le 2 mai 1760, par M. Palissot de Montenoy. *Paris, Duchesne*, 1760, 1 *frontispice* 3 *figures* ; 3° Les Quand adressés à M. Palissot et publiés par lui-même 1760 (2 *pl. se dépliant*) ; 4° Les Quand, notes utiles. Sur un Discours prononcé devant l'Académie française, le 10 mars 1760, 6e édit. augm. des Si et des Pourquoi. Genève. imp. rouge ; 5° Les Qu'est-ce ? à l'auteur de la Comédie des philosophes (1 *figure dépliante*), 1760 ; 6° Les nouveaux Si et Pourquoi suivis d'un Dialogue

en vers, entre MM. Le Franc et Voltaire, parodie de la Scène V du IIe acte de la Tragédie de Mahomet. *Montauban,* 1760; 7° Lettres de Monsieur de Voltaire à M. Palissot avec les Réponses à l'occasion de la Comédie des Philosophes. *Genève,* 1760; 8° Les Quand, ou Avis salutaires; 9° Discours sur la Satyre contre les philosophes, représentée par une troupe qu'un Poète philosophe fait vivre, et approuvée par un académicien qui a des philosophes pour collègues. *Athènes,* 1760. Ens. 9 pièces en 1 vol. in-12, veau, dos orné sans nerfs, tr. roug. (*Rel. anc.*)

605 **Pallebot de Saint-Lubin** (J.-A.). Mémoires historiques, politiques et œconomiques sur les Révolutions anglaises dans l'Indostan. Tome Ier (et unique), *Utrecht Wild* (1782), in-8, de 220 p., veau, dos orné, triple fil. encadrant les plats, dent. int., tr. dor. (*Rel. anc.*)

606 **Paris-Londres.** Keepsake Français, 1837. Nouvelles inédites, illustrées de 26 vignettes gravées à Londres par les meilleurs artistes. *Paris, Delloye,* 1837, 1 vol. in-8, d veau vert, dos orné en long, tr. j. (*Rel. de l'époque*).

607 **Pascal** (Blaise). Pensées, fragments et Lettres publiées pour la première fois, par M. Prosper Faugère. *Paris, Andrieux,* 1844, 2 vol. in-8, br. (dos cassés).

608 [**Péchantré** (Nicolas de)]. Geta, Tragédie. *A Paris, chez Thomas Guillain,* 1687. in-12, maroq, r. anc., dos orné, plats décorés à la Duseuil, dor. sur les coupes, bord. intér., tr. dor.

Édition originale. Très rare.

609 **Pernety** (A.-J., Bénédictin de la Congrégation de Saint-Maur). Les Fables égyptiennes et grecques dévoilées et réduites au même principe avec une explication des hiéroglyphes et de la guerre de Troye. *Paris, Bauche,* 1758, 2 vol. in-12, veau, dos ornés, tr. rouges. (*Rel. anc.*)

610 **Pétrarque.** Il Petrarca. *In Lione per Giovan di Tovrnes,* 1545, impression italique in-16, veau, dos et plats avec ornements dor. et à froid. (*Rel. anc.* un peu fatiguée).

Jolie édition, la première de ce poète qu'ait donnée J. de Tournes. Portrait-médaillon gravé sur bois sur le titre.

611 **Phaedri.** Fabulae ad. m. ss. Coddi et optimam quamque editionem emendavit Steph.-And. Philippe (accedunt Fl. Aviani Fabulae, et L. An. Senecae, ac P. Siri Sententiae). *Parisiis (Simon) Sumpt. J. A. Grange,* 1747-1748, in-12, veau, dos orné sans nerfs, triple fil. sur les plats, tr. dor. (*Rel. anc., bel ex.*)

Orné de 1 frontispice, par Durand, gravé par Fessard, et de petites vignettes, en-têtes et culs-de-lampe.

612 **Piron.** Chefs-d'œuvre dramatiques. *Paris, Belin et Valade,* 1791, 3 tomes en 1 fort vol. pet. in-12, veau marbr., dos orné sans nerfs, pièces de titre mar. roug., tr. dor. (*Rel. anc.*), pet. éraflures.

Portrait gravé par D'Elvaux.

613 **Plaute.** M. Acci Plavti. Comœdiæ accedit commentarivs. ex variorum notis et observationibus.... Ex recensione Ioh. Fred. Gronovii. *Lugd. Batavorum,* 1664. Petit in-8 de 1220 p. dont 66 n. chiff., veau, dos orné, 5 nerfs, tr. marbr. (*Rel. anc.*)

Frontispice gravé.

614 **Plinii** Secundi (C.). Historiæ Mvndi Libri xxxvii. Opvs omni qvidem Commendatione Maivs, sed nullis ad hunc diem editionibus, nulla cuiusquam singulari vel opera, vel industria, amendis, quæ aut temporum iniquitate, aut superiorum ætatum negligentia, inter Latinos primæ notæ scriptorem hactenus occuparunt, satis vnquam purgatum : ... *Lvgdvni, apvd Bartholomævm Honoratvm*, 1587. — Index In C. Plinii secvndi Natvralem.Historiam Copiosissimus, non contemnenda nunc denuo accessione locupletatus, innumerisque propemodum in locis, quæ cum autoris sensis non satis congruebant, non raro etiam ex diametro pugnabant, quam accuratissime restitutus. *Ibid.*, 1586. Soit 2 parties en 1 vol. in-fol. cart. vélin blanc anc., tr. r. (Quelques notes manuscrites dans les marges.)

615 **Plutarque.** Les vies des Hommes illustres revues sur les Mss. et trad. en François avec des remarques Historiques et Critiques et le Supplément des Comparaisons qui ont été perdues, on y a joint les têtes que l'on a pu trouver et une table générale des matières par M. Dacier. Nouv. Edition revue, augm. de diverses notes par M. Dacier lui-même. *Amsterdam, Wetstein*, 1724. 9 vol. in-12, veau, dos ornés, tr. r. (*Rel. anc.*).

Orné de 9 frontispices gravés par Folkema et de nombreux portraits.

616 **Pologne** (La) Historique, littéraire, monumentale et illustrée, rédigée par une Société de Littérateurs sous la direction de L. Chodzko. *Paris*, 1839-1841. Gr. in-8, d. veau bleu. dos orné en long. (*Rel. de l'époque*).

Orné de 44 gravures hors texte.

617 **Pompadour.** Lettres de Madame la Marquise de Pompadour : depuis 1753 jusqu'à 1762, inclusivement. *A Londres. chez G. Owen et T. Cadell*, 1772, 3 parties en 1 vol. in-12, veau rac. anc., dos 5 nerfs, armorié, armoiries sur les plats, dor. sur les coupes, tr. marb.

Aux Armes de Marguerite Delphine de Valbelle de Tourves.

618 **Pope.** Histoire de Martinus Scriblerus, de ses ouvrages et de ses découvertes, trad. de l'Anglois (par P. H. Larcher). *Londres, P. Knapton*, 1755. In-12, veau, dos orné 5 nerfs, tr. roug. (*Rel anc.. bel exemplaire*.) Ex-Libris J. P. Larcher.

619 **Pope.** Œuvres diverses traduites de l'Anglois. Nouvelle Édit. augmentée de plusieurs pièces et de la Vie de l'Auteur avec de très belles figures en taille-douce. *Amst. et à Leipzig, chez Arkstée et Merkus*, 1763. 7 vol. in-12, veau marbr.. dos ornés. tr. roug. (*Rel. anc.*)

1 portrait et 18 figures par Blakey, Hayman et Wacker. (*Ex-Libris*.)

620 **Pradt** (M. de). La France, l'Émigration et les Colons. *Paris, Béchet*, 1824. 2 tomes en 1 vol. in-8, d. veau gris, dos orné, tr. marbr. (*Rel. de l'époque*.)

621 **Prévost.** Histoire de Cicéron, tirée de ses écrits et des monumens de son siècle, avec les Preuves et des Éclaircissemens; trad. de l'Anglois par l'abbé Prévost. *Amsterdam, Paris*, 1784. 4 vol. in-8, veau, dos ornés, sans nerfs, 3 filets encadr. les plats, dent. int., pièces de titre maroq. rouge et vert, tr. marbr. (*Rel. anc.*)

Bel exemplaire orné de 8 jolies figures de Marillier.

622 **Proyart** (L'abbé). Histoire de Loango, Kakongo et autres royaumes d'Afrique. Rédigée d'après les Mémoires des Préfets Apostoliques de la Mission françoise. *Paris et Lyon*. 1776. In-12. veau, dos orné, sans nerfs, triple fil. encadrant les plats, tr. roug. (*Rel. anc.*)

623 **Quicherat** (J.). Histoire du Costume en France depuis les temps les plus reculés jusqu'à la fin du xviiie siècle. *Hachette*, 1875. 1 vol. gr. in-8, d. rel. chag. rouge, dos orné, pl. toile, tr. dor. (*Bel exemplaire*).

Ouvrage contenant 481 gravures dessinées sur bois d'après les documents authentiques, par Chevignard, Pauquet et P. Sellier.

624 **RABELAIS**. Œuvres de Maitre François Rabelais avec des Remarques historiques et Critiques de M. Le Duchat, nouvelle édition ornée de figures de B. Picart, etc., augmentée de nouvelles remarques de M. Le Duchat, de celles de l'édition angloise des Œuvres de Rabelais, de ses Lettres et de plusieurs Pièces curieuses et intéressantes. *Amsterdam, chez Jean Fred. Bernard*, 1741. 3 vol. in-4, veau marbr., dos ornés 5 nerfs. tr. roug. (*Rel. anc*).

1 superbe frontispice dessiné et gravé par Folkema, 1 titre gravé par B. Picart, pour les 1er et 3e vol., 1 fleuron sur le titre de ces deux vol. et un autre fleuron différent sur le titre du second, 5 gravures typogr., 1 Portrait de Rabelais gravé par Tanjé, 15 culs-de-lampe et fleur. et 12 estampes, par Du Bourg, gravées par Bernaerts. Folkema et Tanjé.
Livre très recherché.

625 **Recueil de pièces curieuses.** 1° Les Écosseuses ou les Œufs de Pasques (par Vadé, le Comte de Caylus et la Comtesse de Verrue). *Troyes, chez la Vve Oudot*, 1745, frontispice et titre couleur ocre. 2° Relation galante et funeste de l'Histoire d'une Demoiselle qui a glissé pour être épousée, l'Hyver du mois de Décembre 1742 (à la suite). 3° L'avare, Comédie de Molière, avec des Remarques où l'on explique ce qu'il y a de particulier dans l'Idiome de la Prononciation et où l'on rapporte des sons tirés de mots Anglois semblables à ceux de certaines syllabes en François par M. L. B. (Le Bret, avocat en Parlement). *Paris, C. Leclerc*, 1751 (avec du texte anglais en regard). 4° Lettres de La Fillon (par Coustellier). *Cologne, P. Marteau*, 1751, *titre frontispice gravé*. Ens. 1 vol. in-12, veau, dos orné 5 nerfs, tr. rouge, pièces de titre mar. portant « Recueil de Pièce, tome VI ». (*Rel. anc.* aux Armes).

« La Fillon » était une entremetteuse fort connue à Paris à l'époque de la Régence (Comte d'I...).

626 **Regnard.** Œuvres avec des avertissemens et des remarques sur chaque pièce par M. G*** (Garnier). *Paris, Imprimerie de Monsieur*, 1789-1790. 4 vol. in-8, veau marbr., dos très ornés, larg. dent. int. et ext. entourant les plats, tr. dor. (*Rel. anc., bel exemplaire*).

Portrait d'après Rigaud, gravé par Tardieu, et 7 figures par Moreau le Jeune. (Cette édition comprend 6 vol., nous n'offrons que les 4 premiers.)

627 **Règne végétal (Le)**, divisé en Traité de Botanique générale, flore médicale et usuelle, Horticulture botanique et pratique, plantes agricoles et forestières, histoire biographique et bibliographique de la Botanique, par MM. O. Reveil, Fr. Gérard, A. Dupuis et F. Herincq, et d'après les travaux des plus éminents botanistes français et étrangers. *Paris, Th. Morgand, etc., s. d. (1864-1869)*, 17 vol. gr. in-8, dont 9 de texte et 8 de planches, cart. brad. papier vél. non rogné. (*Bel exemplaire.*)

Les 8 vol. de planches pet. in-4 renferment plus de 3000 dessins de plantes ou détails bota niques finement coloriés.

628 **Reliure anc. maroq.** Semaine Sainte latin-françois. *Paris*, 1741, in-12 maroq. rouge, dos orné de fleurs de lys, 5 nerfs, 3 fil. entour. les plats, tr. dor., dent. int (*Rel. anc. aux armes de Philippe-Égalité, Marie-Louise Adélaïde de Bourbon Penthièvre*).

629 **Reliure ancien maroq**. Tarif pour la jauge des vaisseaux propres à contenir des liqueurs. *Paris, Prault*, 1742, in-12, maroq. rouge, dos orné de fers à la Padeloup, triple fil. encadrant les plats, tr. dor. (*Rel. anc.*)

630 **Retz**. Mémoires de Monsieur le Cardinal de Retz. *Amsterdam et Nancy, chez J.-B. Cusson*, 1717. 3 vol. in-12, veau, dos ornés. 5 nerfs, pièces de titre mar. rouge, tr. rouges. (*Rel. anc.*)

631 **Retz**. Mémoires du Cardinal de Retz, contenant ce qui s'est passé de plus remarquable en France, pendant les premières années du Règne de Louis XIV, augmentez considérablement, en cette présente édition. [*Amsterdam*, 1718. 4 vol. in-12, veau dos ornés 5 nerfs, tr. roug. (*Rel. anc.*) Le titre du t. I est détaché et celui du t. III manque.

632 **Réveil**. Galerie des Arts et de l'Histoire, composée des Tableaux et Statues les plus remarquables des Musées de l'Europe et de Sujets tirés de l'Histoire de Napoléon, gravés à l'eau-forte sur acier, par Réveil, et accompagnés d'explications historiques. *Paris, Hivert*, 1836. 8 vol. in-12, 1/2 chag. prune, dos long, orné romantique, fil. de mors, n. rog. (*Rel. de l'époque.*)

Quantités d'illustrations hors texte. gravées au trait.

633 **Révolution française**. 1° Constitution de la République française. *Auxerre, Imp. Fournier*, an IV (1796), 62 p. ; 2° Journée du 18 Fructidor, 32 p. ; 3° Sur les Lois des 19 Fructidor an V et 22 Floréal an VI. Réflexions générales, 105 p. Ens. 1 vol. in-8, cart. brad., pap. anc. n. rog.

634 **Rivard**. La Gnomonique ou l'Art de faire des cadrans, 2e édition revue par l'auteur. *Paris, Lottin*, etc., 1746, in-8 de xv et 378 p., veau, dos orné 5 nerfs, tr. roug. (*Rel. anc.*)

Avec figures et planches dépliantes.

635 **Robinet** (J.-B. René). Censeur royal, né à Rennes. De la nature. *Amsterdam*, 1761 et *Paris*, 1768. 5 vol. in-8, veau écaille, dos ornés sans nerfs, 3 fil. sur les plats, tr. marbr. (*Rel. anc.*, bel exemplaire).

1 frontispice gravé, 5 titres illustrés et 16 planches hors texte.

636 **ROMAN DE LA ROSE** (Le), par Guillaume de Loris et Jean de Meung, dit Clopinel. Edition faite sur celle de Lenglet Dufresnoy, corrigée avec soin, et enrichie de la dissertation sur les Auteurs de l'ouvrage, de l'Analyse. des Variantes et du Glossaire. publiés en 1737. par J.-B. Lautin de Damerey. *Avec figures. Paris, chez J.-B. Fournier. P.N. Didot, an VII* (1799). 5 vol. in-8, veau fauve. dos ornés sans nerfs, pièces de titre mar. rouge, dent. intérieure et extérieure encadrant les plats, tr. dor. (*Rel. anc.*, avec un gracieux entourage sur les plats.)

Bel exemplaire et belle édition mais avec lacune. Les pages 5. 6, 7. 8 du tome II sont intercalées à la fin du tome Ier.

637 **Roselly de Lorgues** (Cte). Christophe Colomb. *Paris, V. Palmé*, 1887, pet. in-4. d. rel. chag. rouge, dos orné de fers à la Padeloup, 5 nerfs, coins. doubl., fil. sur les plats, tête dor., non rog.

3e grande édition, illustrée d'encadrements variés à chaque page, de Chromos, Scènes. Marines. portraits et carte.

638 **Rovlliard**. (M. Sébastian). Histoire de Melvn contenant plvsieurs raretez notables et non descouvertes en l'Histoire générale de France, plvs la vie de Bovrchard, conte de Melvn soubs le regne de Hves Capet tradvicte dv latin d'vn avthevr dv temps ensemble la vie de Messire Jacqves Amyot Evesque d'Auxerre, avec le catalogue des Seigneurs et Dames illustres de la Maison de Melun ; le tout recueilly de diverses chroniques et chartes manuscriptes. *Paris, Jean Gvignard*, 1628, in-4, de 760 p. vélin vert, 5 nerfs, pièce de titre mar. roug., tr. marb. (*Rel. anc.*)
>Portrait et vignette sur le titre.

639 **Rousseau** (J.-B.). Œuvres, nouvelle édition, *Londres*, 1749, 4 vol. in-12, veau, dos ornés sans nerfs, tr. roug. (*Rel. anc.*)
>Portrait gravé et 4 titres ornés.

640 — Œuvres, nouvelle édition, *Londres*, 1753. 5 vol. pet. in-12, veau, dos ornés sans nerfs, pièce de titre mar. bleu et rouge, tr. marbr.

641 **Rousseau** (J.-B.). Œuvres choisies, odes, cantates, épîtres et poésies diverses *Paris, Janet et Cotelle*, 1823, in-8, veau fauve, dos plat et orné, large dentelle à froid et dor. entourant les plats, dent. int. et sur les coupes, tr. dor. (*Bibolet, Jolie reliure de l'époque.*)
>Portrait gravé.

642 **ROLEWINCK** (Wernerus). Incipit libellus de regimine rusticoru qui etiam valde util est curatis. capellanis. drossatis. schultetis ac alijs officiarijs eisde. in veroque statu presidentibus. (*Coloniæ, Arnold Therhoernen*, 1472 ?), in-8, 58 ff., chagrin vert, dos orné, 5 nerfs, encadr. fil or, décor. sur les plats, double fil. sur les coupes, large dent. intér., tr. dor. (*Rel. moderne.*)
>Belle impression gothique. Lettres rouges ornées. Exemplaire de toute fraicheur, sauf 3 lég. piqûres de vers.

643 **Saint-Augustin**. Les Lettres traduites en françois sur l'édition nouvelle des P. P. bénédictins de la Congrégation de S. Maur... avec des notes sur les points d'Histoire de chronologie, etc., par M. Dubois, de l'Académie françoise. *Paris, J.-B. Coignard*, 1701, 6 vol. in-8, veau, à nerfs, dent. int., tr. dor. (*Rel. anc.*),
>Exemplaire réglé avec vign. sur bois sur les titres, bel état int., reliure un peu fatiguée.

644 **Saintfoix** (M. de). Histoire de l'Ordre du Saint-Esprit. *Paris, Vve Duchesne*, 1767, 3 vol. in-12, veau marbr., dos ornés 5 nerfs, tr. rouge (*Rel. anc.*)

645 **Saint-Foix** (Poullain de). Historiographe des Ordres du Roi. Œuvres complettes. *Paris, Vve Duchesne*, 1778, 6 vol. in-8, veau écaille, dos ornés, 5 nerfs, pièces de titres mar. vert, triple fil. encadrant les plats, dent. int., tr. dor. (*Rel anc., bel exempl.*)
>Portrait par Pougin de Saint-Aubin, ornementé par Marillier et gravé par Lemire, 1 figure dans le tome Ier par Marillier, gravée par Halbou, et 1 frontispice dans le tome II par Le Beau. (Les Essais histor. sur Paris sont renfermés dans les tomes 3, 4 et 5.)

646 **Saint-Pierre** (Jacq.-Bernardin-Henri de). Etudes de la Nature, 3ᵉ édition, revue corrigée et augmentée, *Paris, Imp. de Monsieur. P.-F. Didot et Mequignon*, 1788, 4 forts vol. in-12 bas., dos ornés, 5 nerfs, tr. rouges (*Rel. anc.*, éraflure au dos du tome 1ᵉʳ.)
>Avec planches dépliantes. Paul et Virginie est renfermé dans le tome 4 avec L'Arcadie.

647 — Etudes de la nature, nouvelle édition, revue et corrigée. *Paris, Imp. Crapelet, chez Deterville, An XIII*, 1804, 5 vol. in-8 bas. verte, marbrée, dos ornés sans nerfs, pièces de titre rouge, dent. ext. entourant les plats, fil. sur les coupes tr. marbr. (*Jolie rel. de l'époque*).
>Avec 10 planches en taille-douce. Paul et Virginie se trouve dans le tome IV.

648 **Saint-Pierre** (J.-H. Bernardin de). Paul et Virginie (suivi de la Chaumière indienne et de la Flore. *Paris, L. Curmer*, 1838, gr. in-8, de LVI-472 pag., dont 14 non chiff., chagr. bleu, dos et plats très ornés, tr. dor. (*Rel. de l'époque* un peu défraîchie).

    1ᵉʳ tirage de cette intéressante édition avec ses nombreuses et belles illustrations.

649 **Saint-Réal** (L'abbé de). Œuvres. Nouvelle édition augmentée (par Prosper Marchand). *Paris, Huart*, 1730. 5 vol. in-12, veau, dos ornés, 5 nerfs, pièces de titre mar., tr. roug. (*Rel. anc.*)

650 **Sainte Bible** (La), traduite sur le Latin de la Vulgate, par Lemaistre de Sacy, pour l'Ancien Testament et par le P. Lallemant pour le Nouveau Testament, accompagné de nombreuses notes explicatives par M. l'abbé Delaunay, chanoine de Meaux. *Paris, Curmer*, 1857. 5 forts vol. in-4, br. couv. illustrées.

    Frontispices.

651 **Satyre Menippée.** De la vertu du Catholicon d'Espagne et de la Tenue des États de Paris.... Dernière Edition par Le Duchat, divisée en trois Tomes, enrichie de figures en taille-douce, etc. *A Ratisbonne, chez les Héritiers de Mathias Kerner*, 1752. 3 vol. petit in-8. veau, dos ornés, 5 nerfs, tr. marbr. (*Rel. anc.*), *bel exemplaire*.

    Orné de 7 figures hors texte non signées. 2 sont pliées en 3, dont la Procession de la Ligue.

652 **Senecæ** (L. Annæi). Philosophi Opera, qvæ exstant omnia : a Ivsto Lipsio emendata, et Scholijs illustrata. *Antverpiæ. ex Officina Plantiniana, apud Ioannem Moretum*, 1605, in-fol., veau anc., dos orné, triple fil. encadr. sur les plats, tr. j. (*Rel. fatiguée*)

    2 portraits et un frontispice gravés.

653 **Spanheim.** Histoire de la Papesse Jeanne, fidèlement tirée de la dissertation latine de M. de Spanheim, premier prof. en l'Université de Leyde (par Jacques Lenfant). Nouvelle édition augmentée et ornée de figures. *La Haye*, 1758. 2 vol. in-12, veau, dos ornés, 5 nerfs, tr. roug. (*Rel. anc.*)

    5 planches non signées dont 1 dépliante.

654 **Stendhal** (M. de). Rome, Naples et Florence. 3ᵉ Édition. *Paris, Delaunay*, 1826. 2 vol. in-8, br., couv. ornées.

655 **Tastu.** Poésies nouvelles par Mᵐᵉ Amable Tastu, 1835. *Denain et Delamare, libr.-éditeurs*, 16, *rue Vivienne*, in-18, veau viol., dos plat. orné, 4 nerfs, fil. dor. encadr. les plats ornés à froid à la cathédrale, dent. int., tr. dor. (*Rel. de l'époque.*)

    Titre dans une vignette gravée sur bois par Porret et nombreuses petites vignettes dans le texte. *Édition originale.*

656 **Testa** (L'abbé). Dissertation sur deux zodiaques nouvellement découverts en Egypte, trad. de l'italien (par M. Ch.-Em.-Sim. Gaultier de Claubry). *Paris, Ad. Le Clerc* 1807. 2° Histoire critique du Passage des Alpes par Annibal, depuis les frontières d'Espagne jusqu'à Turin, par J.-L. Larauza. *Paris, Dondey-Dupré*, 1826. Ens. 1 vol. in-8°, d. veau bleu, dos orné, n. rog. (*Rel. de l'époque.*)

657 **Traittez des Baromètres**, thermomètres et notiomètres ou Hygromètres par M. D*** (Dalencé), *Amsterdam, Paul Marret*, 1757, in-12, bas. tr. roug. (*Rel. anc.*)

    Frontispice et 35 planches.

658 **Trévoux.** Dictionnaire Universel François et Latin, contenant la Signification et la Définition tant des mots de l'une et de l'autre Langue, avec leurs différens usages, que des termes propres de chaque Etat et de chaque Profession. La Description de toutes les choses naturelles et artificielles : leurs figures, leurs espèces, leurs propriétés. L'Explication de tout ce que renferment les Sciences et les Arts, soit libéraux, soit méchaniques, avec des Remarques d'Erudition et de Critique ;..... *A Paris par la C⁰ des Libraires Associés*, 1752, 7 vol. in-fol., veau rac. anc., dos ornés, tr. r. (Manque 1 pièce de titre ; qq. coins usagés.)

659 **Vauban.** De l'attaque et de la Défense des Places par M. de Vauban, maréchal de France et Directeur général des Fortifications du Royaume. *La Haye, Pierre de Hondt*, 1737, in-4°, veau, dos orné, tr. roug. (bel exemplaire *rel. anc.*)

    Avec 33 planches se dépliant.

660 **Veuillot** (Louis). Jésus-Christ, avec une étude sur l'art chrétien par E. Cartier, 4ᵉ Édition, *Firmin-Didot*, 1877, pet. in-4, d. chag. rouge, pl. toile, dos et plats ornés de fers sp. dor., tr. dor. (*Rel. de l'Editeur*.)

    Orné de 180 gravures exécutées par Huyot père et fils, et 16 chromos d'après les Monuments de l'Art depuis les catacombes jusqu'à nos jours.

661 **Vignole.** Règles des Cinq ordres d'Architecture. par Jacq. Barozzio de Vignole, nouvelle édition trad. de l'italien et augmentée de Remarques. *Paris, Jombert*, 1764, in-8, veau, dos orné tr. rouge (*Rel. anc.*).

    2 frontispices et 67 planches.

662 **Villethierry** (Girard de, prêtre). La vie des gens mariez ou les obligations de ceux qui s'engagent dans le Mariage.... nouvelle Édition, revue, corrigée et augmentée. *Paris, A. Demonneville*, 1738, in-12, veau, dos orné 5 nerfs, tr. marbr. (*Rel. anc.*)

663 **Virgile.** Pvb. Virgilii Maronis Opera, novis Annotationibus, e virorum doctissimorum libris excerptis, illustrata, additis Homeri locis insignioribus, quæ Virgilius imitatus est, cum rerum et verborum indice locupletissimo *Coloniæ Allobrogum, apud Petrum de la Riuiere*, 1614, in-8, veau anc.. dos orné fleurdelysé, armoiries sur les plats et semis de fleurs de lys, tr. dor.

    Armoiries atribuées à Vergobrett.

664 **Virgile.** L'Enéide, traduite par Jacques Delille. *A Paris, chez Giguet et Michaud*, 1804 (an XII), 4 forts vol. in-12, maroq. r. à long grain, dos 5 nerfs ornés romantique or et à froid, gracieux feston décorant les plats et bordure à froid, fil. sur les coupes, bord. intér., tr. dor.

    4 jolis frontispices gravés sur acier par Bovinet, Delignon et Bacquoy. Quelques légères rousseurs. Charmante reliure romantique de toute fraîcheur.

665 **Voltaire.** La Pucelle. Poème en XXI chants avec les notes et les variantes. Edition conforme à l'originale, publiée en 1784. *De l'imprimerie de la Société littéraire-typographique*, 1789, 2 vol. pet. in-8, veau marbr., dos ornés sans nerfs, double fil. sur les plats, dent. int., tr. dor. (*Rel. anc.*)

666 **Walsh** (Vte). Souvenirs et impressions de Voyages. *Tours, Mame*, 1847, in-8, veau vert, dos et plats avec ornements dor. et à froid, dent. int., tr. dor. (*Rel. de l'époque*),

    Ornés de gravures sur acier par Blanchard, d'après les dessins de K. Girardet.

667 **Xénophon**. La Cyropedie de Xénophon, excellent philosophe et historien, divisée en huict livres esquelz est amplemêt traicté de la vie, institution et faicız de Cyrus Roy des Perses. traduicte de Grec par Iaques des comtes de Vintemille Rhodien, Conseiller au Parlement de Dijon. *Paris, Jean Ruelle,* 1572, pet. in-8 de 479 p. dont 23 non chiff., titre orné, cart. anc. vél. souple.

668 **Young**. Les Nuits; suivies des Tombeaux et des Méditations d'Hervey, etc., traduction de Le Tourneur. *Paris, Et. Ledoux,* 1824, 2 vol. in-8, veau marbr., dos ornés sans nerfs, tr. marbr. (*Rel. de l'époque.*)

Ornés de belles vignettes de Devéria.

669 à 708 Sous ces numéros, il sera vendu, en lots, **environ** 700 bons volumes anciens et modernes en différents genres.

Imprimé en France
FROC031659120919
22129FR00008B/344/P

9 782329 308128